黄桂兰 ——— 著

转识成智的
课堂教学

核心素养导向的历史教学

核心素养导向的课堂教学丛书

杨四耕主编

华东师范大学出版社

图书在版编目(CIP)数据

转识成智的课堂教学：核心素养导向的历史教学/黄桂兰
著.—上海：华东师范大学出版社，2020
（核心素养导向的课堂教学丛书）
ISBN 978-7-5760-0164-8

Ⅰ.①转… Ⅱ.①黄… Ⅲ.①中学历史课-教学研究-
高中 Ⅳ.①G633.512

中国版本图书馆 CIP 数据核字(2020)第 044841 号

核心素养导向的课堂教学丛书

转识成智的课堂教学：核心素养导向的历史教学

丛书主编 杨四耕
著 者 黄桂兰
责任编辑 刘 佳
特约审读 朱 茜
责任校对 朱玉媛 时东明
装帧设计 卢晓红

出版发行 华东师范大学出版社
社 址 上海市中山北路 3663 号 邮编 200062
网 址 www.ecnupress.com.cn
电 话 021-60821666 行政传真 021-62572105
客服电话 021-62865537 门市(邮购)电话 021-62869887
地 址 上海市中山北路 3663 号华东师范大学校内先锋路口
网 店 http://hdsdcbs.tmall.com

印 刷 者 浙江临安曙光印务有限公司
开 本 787×1092 16 开
印 张 12.5
字 数 188 千字
版 次 2020 年 5 月第 1 版
印 次 2020 年 5 月第 1 次
书 号 ISBN 978-7-5760-0164-8
定 价 40.00 元

出版人 王 焰

（如发现本版图书有印订质量问题，请寄回本社客服中心调换或电话 021-62865537 联系）

丛书总序

洞见改革

回望轰轰烈烈的课堂教学改革,我们依然可以欢呼,仍然可以雀跃,但我们更需要理性的回望和深刻的祈祷。

不是么? 我们的课堂教学改革虽然取得了卓著的成效,但也出现了不少观念的误识和实践的误区。我们能否真正面对与合理消解这些问题,将直接影响课堂教学改革的纵深推进。

维特根斯坦指出:"洞见或透识隐藏于深处的棘手问题是艰难的,因为如果只是把握这一棘手问题的表层,它就会维持原状,仍然得不到解决。因此,必须把它'连根拔起',使它彻底地暴露出来;这就要求我们开始以一种新的方式来思考。这一变化具有着决定意义,……难以确立的正是这种新的思维方式。一旦新的思维方式得以确立,旧的问题就会消失;实际上人们很难再意识到这些旧的问题。因为这些问题是与我们的表达方式相伴随的,一旦我们用一种新的形式来表达自己的观点,旧的问题就会连同旧的语言外套一起被抛弃。"面对核心素养时代,我们的课堂教学改革有必要确立新的思维方式,并借此洞悉困扰我们的"棘手问题"。

改革不是一种风潮,而是一种使命。当下,跟风式改革仍然盛行,如深度学习、项目学习、STEAM……见样学样,不停跟风,显现出一派繁荣景象。不少所谓的教学改革只是在形式上做文章,有教条主义的嫌疑;不少课堂深陷应试泥潭,既不教人文,亦无关精神,甚至连知识也谈不上,而是"扎扎实实"地搞成了教考,把考试当作课堂教学改革的使命。教育改革的真正使命是什么? 我们应秉持怎样的立场推进课堂教学改革? 2014 年,教育部颁布《关于全面深化课程改革 落实立德树人根本任务的意见》。这份文件指出:立德树人是课程改革的根本任务,核心素养培育是课程改革的核心价值。这便是我们的使命。使命需要执著,执著就是美德。细细品味维特根斯坦的这句话也许会有所助益："当一切有意义的科学问题已被回答的时候，人生的诸问题仍然完全未被触及。"课堂教学改革的全部使命便是触及人生问题并给予某种实质性的回答，从而使"立德树人"落到实处。

改革不是一个口号，而是一种立场。层出不穷的口号、花样频出的概念，已然是当下学校变革的常态。不少学校把玩弄概念作为改革，把提口号当成改革，以学定教、先学后教、翻转课堂……热词涌起，名句不断。当我们把改革看成一个概念、一个口号的时候，我们已经远离了改革。改革是一种立场，一种有思考的尝试，一种为着根的事业而不断探索的精神。维特根斯坦说："一种表述只有在生活之流中才有意义。"可以说，如果我们能把自己的立场安放在特定的概念或口号里，秉持有立场的变革，那将是对维特根斯坦的一种慰藉。

改革不是一张蓝图，而是一种责任。加拿大学者迈克尔·富兰说："变革是一项旅程，而不是一张蓝图。"毫无疑问，改革需要蓝图，需要理性设计，但蓝图不是改革本身。奥托·魏宁格有一句令人心动的话："逻辑与伦理在本质上是相同的。它们不是别的，而正是对自我的责任。"改革是一种责任，是一种对未来负责的精神。联合国教科文组织提出了21世纪教育的四大支柱：学会认知、学会做事、学会共处、学会生存。其中，学会认知是步入未来社会的通行证：观察、阅读、倾听、书写、交流、多样化表达、分析、综合、推理……学会做事是适应知识经济时代的必然选择：专注、善于发现问题、善于尝试、目标准确、身体力行、全力以赴、勇于面对现实、直面困难、不惧失败……学会共处是顺应全球化时代的需要：人际感受能力、人际理解力、人际想象力、风度与表达力、合作能力与协调能力、决策能力、沟通能力；懂得尊重、善于理解、换位思考、勇于担当、积极配合；而学会生存则是对做人品质的完善：适应能力、交往能力、管理能力、动手能力、创新能力、竞争能力；促进自我实现、丰富人格特质、担当与责任承诺、接受改变、适应改变、积极改变、引导改变……应该说，这些都是核心素养时代课堂教学改革的责任。

改革不是一场革命，而是一种态度。我们为什么需要改革？是因为有糟糕的现实摆在眼前，我们必须清除它。我们如何改革？通过雷厉风行的方式彻底改革吗？我们知道，对于理想化的东西，改革者很容易接受，并习惯于用理想的丰满来衡量现实的骨感，用理想的光滑来评判现实的粗糙。在理想观照下，现实是一无是处的，是必须摈弃的。正是基于这种认识，改革者很容易接受这样的观点：通过暴风骤雨式的"革命"来实现美好的改革目标。著名教学论专家王策三先生指出：任何教学改革都不是"一蹴而就的，也不是几年、十几年、几十年短期实现的，更不是以'革命'方式达成的"。改革是一种态度，一种持续改变现状的态度，一种朝向美好的态度，一种渐进探索的态度。

改革不是一个事件，而是一项旅程。吉纳·霍尔认为，变革的首要原则是把变革看作"是一个过程，而不是一次事件"。当我们把改革看成是一个事件，这意味着，改革可以在短期内取得成功；如此，改革尚未真正推进，我们便急着推出新的改革。面对一系列的政策性号召与行政命令，一些地方与学校常常是积极参与，往往在短时间内就会涌现出大量的改革成果，不少地方和学校还会举办各种各样的经验交流会。然而，在热闹的背后，却存在着虚假的繁荣：应付改革，鲁莽冒进现象时有发生。改革其实是一项旅程，一项迈向合理性的旅程，一项不断面对问题、思考问题、解决问题的旅程。课堂教学改革无法速成，只能渐进摸索；课堂教学改革也无法一次性完成，它永远在路上。

改革不是一条直线，而是一种智慧。对改革的简单化认识，缺少对改革形态丰富性、过程复杂性的理解，会让改革陷入迷茫。吉纳·霍尔说："变革，不是某位领导发表一次演讲，或在8月份为教师举行两天短期培训，或向学校提供新课程或新技术，就能一蹴而就、获得成功的。相反，变革是一个过程，在这个过程中，个人、组织机构逐渐理解了新事物、新方法，并且在运用它们时愈益熟练和有技巧。"无数经验证明，课堂教学改革是一个逐步推进的过程，而不是一条直线，其中往往包含着复杂性、随机性和偶然性，它需要理性和智慧。对此，迈克尔·富兰说：变革"好比一次有计划的旅程，和一伙叛变的水手在一只漏水的船上，驶进了没有海图的水域"。可见，课堂教学改革不是"种豆得豆、种瓜得瓜"的简单逻辑，而是一个多因子、多变量、多可能的复杂交织过程。没有"直接拿来"的理论与模式可以套用，改革需要我们自己的原创理论和实践智慧。

改革不是一个目的，而是一种创造。把改革作为目的，为改革而改革，这不是我们的应然取向。有人说："未来不是我们要去的地方，而是我们要创造的地方。"课堂教学改革，可以是突破陈规、大胆探索的思想观念，也可以是自强不息、锐意进取的精神状态，还可以是奋勇争先、不甘落后的使命感。华罗庚说："如果没有独创精神，不去探索更新的途径，只是跟着别人的脚印走路，也总会落伍别人一步；要想赶过别人，非有独创精力不可。"我们今天创造怎样的课堂，就意味着我们在培育怎样的未来。当我们创造知识型课堂的时候，我们就是在塑造复制与服从的未来；当我们创造素养型课堂的时候，我们就是在选择美好与灿烂的生活。教育的价值在于生命意义的提升，在于学习价值的锤炼，而不在于知识的牢固掌握和大量累积。雨果说："已经创造出来的东西比起有待创造的东西来说，是微不足道的。"的确，有待创造的东西只能靠学生在生命化实践和实际生活中去创造。因此，在某种意义上，改革不是一个固定目标，而是一个创造，一个基于实验的生命创造和素养提升过程。

改革不是一种形式，而是一种深度。虽然改革之声不断，但我们的课堂教学改革总体上并无实质性进展，"素质教育轰轰烈烈，应试教育扎扎实实"仍然是中小学课堂教学的主流表现。围绕着教材，问题学习、项目学习、单元教学、作业设计、听评课……都被冠以改革之名。联合国教科文组织在《学会生存》这一报告中曾警告说："教育具有开发创造精神和窒息创造精神这样双重的力量。"大量事实表明，以反复操练为表征的知识教育严重地窒息着年轻一代的创造精神，阻碍着社会进步。教育的核心价值不应该只是盯着知识，而应在于培养有智慧的人。唯有培养有智慧的人，我们才能足以应对不断变化的社会。二百多年前，德国就有如此教育宣言："教育的目的，不是培养人们适应传统的世界，不是着眼于实用性的知识和技能，而要去唤醒学生的力量，培养他们自我学习的主动性、抽象的归纳力和理解力，以便使他们在目前无法预料的种种未来局势中，自我做出有意义的选择。"当前，课堂教学改革最重要的一步，就是要从知识至上的泥潭中跳出来，义无反顾地迈向关注生长的素养时代。

总之，改革不是自负的概念翻新与宣示，而是崭新观念的建构与实践。面对核心素养时代，我们应少些"看客"，多些"创客"，不断洞悉隐藏于深处的棘手问题，在不断追问中创造属于我们自己的精神世界。这或许就是"核心素养导向的课堂教学丛书"之初衷。

杨四耕

2019 年 6 月 9 日于上海市教育科学研究院

目录

第一章　无用之用，是为大用　/ 1

历史的演进再一次尽现魂的魅力、根的力量，最终昭告世人：文化自信与自觉是不需要证明的信仰；文化交融与借鉴是不需要证明的信条。弘扬传统文化不意味着盲目自恋和孤芳自赏；了解西方普世价值不意味着盲目崇拜和唯他是尊。"古为今用，洋为中用"既是对传统文化的心怀敬畏，也是对人类理性的谦卑自省。

第二章　核心素养　育人导向　/ 11

　　身处大格局、大时代、大变革中的每个人，如何发展自我，如何选择职业，如何明辨良莠，如何锻造竞争力，如何融入社会，如何陶冶人文情怀，如何坚守民族文化并兼具全球素养，是一项十分必要又是值得研究的重大课题。国际组织和世界各国在制定 21 世纪核心素养的框架时，既关注和回应了全球性社会、经济、科技发展出现的新问题、新挑战，也立足于区情、国情和社情，遵循人的身心发展和成长规律，根植符合国民教育目标的关键 DNA。

第三章　围绕素养　重构教材　/ 29

　　素养是一种滋育、一种养成。核心素养的培养是教师合理选择、整合教学内容的出发点和最终归宿；对教学内容的完整、准确的把握是教师合理选择、整合教学内容的前提和基础。历史学科核心素养的滋育，在历史教学中是在教师合理选择教学内容，有机整合学习素材的基础上，渐行渐近的一个过程。

第四章　穿越时空　释史求通　/ 55

在历史教学中,培养学生的"历史解释"学科素养,必须运用"唯物史观"的科学理论与方法,以真实的材料为依据,以清晰的史实为依托,透过历史时空变化,在同情之理解的基础上,去探明历史的因果逻辑,解读历史的发展趋势,阐释历史的演变规律,从而涵养学生健康和健全的世界观、价值观、情意观。

第五章　全球视野　家国情怀　/ 63

如何在全球化背景下全面、准确理解"家国情怀"的核心内涵与外延,在世界历史教学过程中发掘相关的历史元素,并精妙适切、纯熟自然地融入我们的教学环节,让课堂充满人文气息和情感氛围,以陶冶学生的精神世界,在大教无痕中借他山之石臻攻玉之境,借多样性的世界各国各民族的历史,"回馈"和"反哺"我们中国学生的"家国情怀",这是一个永恒和重要的历史教学话题。

第六章 关注细节 彰显史感

历史丰富多彩,历史跌宕起伏。历史教学如何在呈现昨天的"实然"的往事过程中,借助那些曾经的故事、人物,通过史料实证去加以理解和解释,让历史课充满历史的魅力,洋溢历史的味道,从而在叙事、习得、求真的同时,去悟法、得道、怡情,进而滋育学生的学科素养?

第七章 巧设切点 见微知著

人类的生活,横着去看,便是社会;纵着去看,便是历史。"如何生动再现漫长丰富复杂的历史"始终是横亘在每个历史教师面前的难题。把教学作为一项创作,进行精巧的构思,挖掘独特的教学资源,由"宏大叙事"的超然视角转变为"见微知著"代入视角,以小见大,以局部洞察全局,才能深入了解历史事件的细节和历史人物的内心世界,让学生感受人类历史的博大精深。

第八章　问题驱动　激活思维

历史学科旨在考查学生的历史思维能力,其中涉及识别材料中的客观性事实和主观性认识、判断材料的真实性和权威性、从不同视角解释历史等思维能力。所以教师巧妙设计问题,在问题驱动下激活学生的思维,才可能最大限度地培养他们"像历史学家一样"去学习和理解历史。

第九章　贴近生活　走进历史

让教材上的历史知识,在与社会发展,与现实生活的联系中,变得真切和鲜活。只有这样,学生才能真正感受到历史不是平面的而是立体的,不是遥远的而是近在咫尺的,不是干瘪的而是灵动的,使学生由"走近历史"到"走进历史"。

第十章　线上线下　交互滋养　/ 133

学术界自 2012 年的慕课热潮后进入了反思的沉淀期,在肯定慕课这一新型教育方式的基础上,也对慕课的完善方向进行了充分的论证。在基础教育领域,单纯地依靠慕课展现课程内容很容易沦落为机械的信息传递,威胁教育的核心价值。因此,网络学习平台与现实课堂空间必须相互交织,线上线下师生必须人际互动才能真正落实核心素养。

第十一章　创新载体　转变方式　/ 147

教育信息化有助于改变教师为中心的传统教学模式,"慕课"是一种以信息技术为基础的新型教学载体。以师生合作开发"启蒙运动十日谈"慕课为例,从历史教学载体形式和学习范式的全新尝试与实践以及对"慕课"改进的新认识等角度,阐释了有关新探索的具体操作路径以及在发挥学生学习主体性和培养学生历史学习的关键能力等方面的实践意义。

序

　　道在日新，艺亦须日新。伴随着高中历史课程标准的颁布和新一轮历史课程改革拍打而至，历史教育即将步入一个全新的时代。如何在历史教学中培育学生的学科核心素养，践行立德树人的教育使命？我们固然需要先进的理论引领和厚重的历史学养支撑。但是，我们尤其需要鲜活的实践智慧和忠诚的守望情怀。令人欣慰的是，当我拜读了黄桂兰老师的《转识成智的课堂教学：核心素养导向的历史教学》书稿后，似乎看到了她和她的团队在课改的"大道"与课堂的"小径"间，进行思想穿行和实践探寻的历程和智慧。这本书浓缩了黄老师多年来对历史教育价值功能的理解和筚路蓝缕的探索经验。它对中学一线历史教师的专业成长和历史课程改革的发展具有一定的引领和启示作用。

　　历史，是一种记忆，也是一种经验，更是一种智慧。当今时代，无论是西方大国，还是东亚邻国，均在不同程度地强化历史教育。西方国家中，美国将历史课作为基础教育的五大核心课程之一，澳大利亚于 2013 年在全国各地全面实施国家首部历史课程标准，法国中小学分 12 个年级，其中 10 个年级开设有历史课。东亚邻国中，韩国于 2016 年规定所有考生在高考中必须考韩国史，甚至成为公务员考试的必考科目。为何世界各国都如此重视历史教育？任何一门学科，只有当人们认识到其意义和价值时，才会受到重视，才会获得生存和发展。

　　历史学是一门极富生命活力的学科。历史是逝去的昨天，生活在今天、面向明天的人们为何要把目光投射到那些已尘封的岁月？我们为什么要研究历史？从根本上说，因为人类发展是一个先后承续、不可割裂的过程。昨天、今天、明天，衔尾相随，历史与未来正是在现实中交汇，认识过去是理解现在和未来的钥匙。这决定了历史学具有永恒的生命力。

　　历史学是人类认识自我、超越自我的必修之学。历史学的社会功能十分丰富。历史是一部社会教科书，它具有多方面的社会教化和思想滋养功能，是人类认识世界、认识自我、改造世界、超越自我的强大的武器，其核心是启迪心智、智慧人生，使人变得清醒、理智和成熟。历史是一部人生教科书。学历史对于提高人们的人文素养、思想境界、完善人格、陶冶情操、塑造美好的心灵、学习做人都有潜移默化的作用。

此外，历史在形成民族文化共识，增强民族凝聚力，弘扬民族优良传统和民族精神方面有着独具的作用。中央领导一再强调"一名领导干部不善于从历史中吸取营养，不可能成为高明的领导者；一个政党不善于从总结历史中认识和把握社会发展规律，不可能成为顺应历史潮流的自觉的政党；一个民族不善于从历史中继承和发展本民族与世界其他民族创造的优秀文明成果，就不可能屹立于世界民族之林"。

历史教育是实现历史学价值功能的主要途径和基本方法，是促进人的全面发展，促进社会和谐发展的重要历史文化动力，历史教育责无旁贷地担负着教史育人的神圣使命和崇高的责任。

习近平总书记指出："历史是最好的教科书。学习党史、国史，是坚持和发展中国特色社会主义、把党和国家各项事业继续推向前进的必修课。这门功课不仅必修，而且必须修好。"可见，历史教育的地位已经上升到国家战略高度。

2013年，教育部启动了普通高中课程方案和课程标准的修订工作，最重要的变化就是提出了以培养和提高核心素养，特别是学科核心素养为核心的课程与教学新理念，回应了教育"为谁培养人？""培养什么样的人？""怎样培养人？"的根本问题。就历史课程而言，就是以立德树人为根本任务，以培养和提高历史学科核心素养为目标，使学生通过历史学习逐步形成具有历史学科特征的必备品格和关键能力。

2018年，部编高中历史教材必修课程模块《中外历史纲要》试用本推出，新教材的特点是采用通史体例，突出时序性，以大时序小专题的呈现方式，引导学生深化对人类历史发展基本脉络的认识和人类历史发展规律的认识，提升学生的核心素养。

随着普通高中历史新课标和部编历史教材的推出，如何在日常的历史课堂教学中真正落实核心素养，如何在有限的课时内兼顾课程内容与核心素养的落实，这些新的问题均对中学历史教师的专业发展提出了更高的要求，即需要教师厚重的"学养"和精湛的"教养"，提炼学科"营养"，滋育学生"素养"。

从《转识成智的课堂教学：核心素养导向的历史教学》一书中可以看出，黄桂兰老师正是针对历史新课标、新教材推出后出现的新问题作出了思考。她主动学习，夯实自身的知识结构与体系，加强历史"学养"积累；在课堂教学中积极探索与实践，精于教学创意与设计，形成了自己独特的、行之有效的"教养"；关注教学中的学生主体作用，教育无痕地涵养学生的历史思维，即唯物史观、时空观念、史料实证、历史解释和家国情怀五大历史核心素养。

尤其难能可贵的是，在教育信息化深入推进的当下，黄桂兰老师带领她的团队紧跟时代要求，勇于尝试开发慕课课程资源，探索网络学习平台与现实课堂空间相互交织、线上线下师生人际互动的模式。慕课《抗战的十五个瞬间》以培养"家国情怀"核心素养为目标，以抗战的进程为基本线索，以历史人物为焦点，以人物或事件的某个特殊瞬间为切入点，为学生家国情怀的培育提供了丰厚的养料。以师生合作开发的《启蒙运动十日谈》慕课，更是在历史教学载体形式与学习范式方面的全新尝试与实践，在发挥学生学习主体性和培养学生历史学习的关键能力等方面都具有实践意义。

是为序。

王斯德

（华东师范大学终身教授、历史系原主任）

2019.7

前言
历史教育的价值追寻

作为一名历史教师,我在教育教学一线耕耘了近30年,带教了10多届高三历史毕业班,经历了从上海一期课改到二期课改的风云变幻。上海二期历史课改的核心是教材改革,从一期课改的沈起炜教授主编版3个分册,到二期课改的苏智良教授主编版3分册,再到余伟民教授主编版7分册。三套高中历史教材无论是在编写体例上还是在内容结构上,都发生了较大的变化:沈版教材主要是从中外通史的体例按照历史事件发生的顺序叙述历史的变迁,更多地侧重政治和军事方面的内容;苏版教材则体现"文明史观"的崭新理念,并按专题形式的编写体例,覆盖文字、婚姻、交通、法律、节日、宗教等社会方方面面的内容;余版教材汲取了沈版教材和苏版教材的优点,一方面回归了通史的体例,并局部采取了中外通史合编,另一方面又借鉴了主题式编写体例,可谓是兼顾传统的同时又吸收了新的历史观念,得到学界的普遍认可。今年9月,又即将启动教育部统编高中历史教材的教学,我主动承担了统编新教材教学的首轮探索与实践。

上海的高中学业水平考试,也经历了从全市统一会考到划分ABCD四个等第的学业水平考试,再到高中学业水平考试合格考与等级考的变化。随着上海的高考改革,由3+1+综合到3+1,再到3+3的变革,历史科目在高考中的分值和学科地位也在不断地发生着变化。

作为一名一线历史教师,我完整经历了上海二期课改前后三套历史教材的教学实践及高中历史学业水平考试和高考的变革。在努力适应新教材和考试指挥棒的同时,我想更多地是要关注学生的学情,聚焦课堂教学的有效性,培养学生历史学习的兴趣和方法,涵养学生的历史思维。

在多年的历史教学实践中,我也在努力践行着这一教学理念,取得了一定的教学效果,积累了一些教学经验,也有了一些教学感悟。但是说实话,像大多数一线教师一样,在我的教学生涯中,教学实践多于教学反思,做得多、写得少,方法多、理念少。这样做的后果之一就是没能及时把教学过程中产生的思维火花和精彩片段记录下来,导致留有不少遗憾。为此,编写这本小册子就是想将本人多年来的教学实践探索做一次梳理和总结,多少也弥补些许遗憾。

从前年开始酝酿写这本小册子,当时正值《中国学生发展核心素养》和《普通高中课程标准(2017版)》的推出之际,核心素养与历史学科核心素养成为学界热门话题,教育目标指向培养学生的核心素养也成为了教育界普遍的共识。

故此小册子正是基于核心素养理念的教学与反思,为此,我着手研究了经济合作与发展组织(OECD)、欧盟(EU)和联合国教科文组织(UNESCO)等国际组织,以及英国、法国、德国等主要国家的核心素养框架,并综合比较了各类核心素养的异同点。通过比较发现,美国、日本、澳大利亚三国则分别以"21世纪核心技能"、"21世纪型能力"、"七项通用能力"的概念来表述"核心素养",虽遣词不同,但都反映了当前和未来社会发展对教育、对公民的最新要求,呈现出鲜明的共性特征。同时,由于国际组织制定框架的初衷和服务对象各不相同,世界各国的社会经济发展水平和文化特征各有差异,不同素养框架又呈现出鲜明的国情特色。

中国是首个同时推出"中国学生发展核心素养"与"学科核心素养"的国家,这充分表明核心素养与学科核心素养之间的密切关系。学科核心素养是核心素养的载体与体现;从学科的角度来说,学科核心素养是核心素养的育人功能与学科价值的有机结合,是该学科实现立德树人根本任务的价值所在。

历史学科核心素养的滋育,必须植根于丰厚的历史土壤之上。《普通高中历史课程标准(2017版)》在课程结构的设置和课程内容的设计方面,为课程运行做出了系统性、原则性、指导性的安排,为学科核心素养的滋育提供了基本保障。但是,在日常历史课堂教学过程中,要求历史教师从基于三维目标的教育教学,转变到基于学科核心素养的教育教学,还需要在教学理念上和方法上进行新的探索。

本人也有幸参与了教育部组织的《普通高中历史课程标准(2017版)解读》的编写工作,就"围绕核心素养的培养,合理整合教学内容"提出了一点浅见:根据具体的学情、学段和教学实际,灵活机动地选择教学资源,整合教学内容,设计教学流程,游刃有余、润物无声地培养学生的学科核心素养。"如何在课堂教学中实施和落实核心素养?"是每个一线教师感到困惑的问题。为此,我精心设计了"历史文化与时代变迁下德法关系嬗变"一课,并于 2018 年 12 月在全市范围开设了这节研讨课,课后还从落实核心素养的角度对本堂课的教学设计进行了一些阐释,以求抛砖引玉。

近年来,教育部和上海市教委都相继提出继续深化基础教育改革,号召探索信息技术与课程的整合,思考教学内容的呈现方式,变革学生的学习方式,以期转变人才培养模式,基本实现教育的现代化。教育信息化的本质是运用信息技术创造新的学习文化,改变长期以来教师为中心的传统教学模式,从根本上解放师生创造力。自 2017 年起,我带领上外附中全体历史教师研制开发历史慕课资源,从确定选题、书写教案、撰写脚本,到最后录制剪辑,其间历史组的老师们经历了无数次"头脑风暴",博采众长、集思广益,最终历时 10 个月之久精磨而成《抗战的十五个瞬间》慕课课程,并于 2018 年 3 月在上海市高中名校慕课平台正式上线,成为同期最热慕课。在继推出教师团队合作开发之后,我又尝试与学生合作共同研发慕课《启蒙运动十日谈》,进行了教学载体形式和学生学习范式的全新探索与实践,历时一年终于完成,于 2019 年 3 月在上海市高中名校慕课平台正式上线。

为此,这本小册子内容主要涉及以下方面:第一,历史学之价值,即关于"学历史有什么用?"的思考与认识。第二,历史学之育人导向,即关于"未来社会需要什么样的人?"的中外解读与阐释。第三,围绕核心素养的历史教学,即关于"课堂如何让核心素养落地?"的教学实践与反思。第四,聚焦教学有效性的教学设计,即关于"如何提升课堂教学品质?"的教学探索与感悟。第五,探索信息化背景下教学方式与学习范式的变革,即关于"如何有效开展线上线下混合式教学?"的慕课资源开发的实践与反思。

此书可以说实践多于理论,自认为可借鉴性与可操作性较强,若能给到一线历史教师一些启迪,也足可聊以自慰了。

第一章

无用之用，是为大用

　　历史的演进再一次尽现魂的魅力、根的力量，最终昭告世人：文化自信与自觉是不需要证明的信仰；文化交融与借鉴是不需要证明的信条。弘扬传统文化不意味着盲目自恋和孤芳自赏；了解西方普世价值不意味着盲目崇拜和唯他是尊。"古为今用，洋为中用"既是对传统文化的心怀敬畏，也是对人类理性的谦卑自省。

在我的教学生涯中，常常有人提出关于历史之用的问题。诸如"老师，历史讲的都是过去发生的事，似乎和现实生活没什么关系，那学历史有啥用？""老师，我大学如果读历史专业，毕业后除了当老师，还可以干什么？"在我看来，这些看似简单的发问，实际上是一个形而上之大道，它涉及历史、历史学和历史教育的社会功能和价值认同。正如台湾大学历史学者吕世浩所说，"学历史到底有什么用"是他一直思考和追问的大问题。"如果学历史有用，那么请问各位，哪一位会因为自己孩子考上历史系而兴高采烈的？如果学历史没有用，我们从小为什么要学历史？"的确，要回答上述问题，我们就不得不从历史哲学层面、社会发展层面，乃至人类个体的必备品格和关键能力等方面，加以追问和思考。

　　爱德华·卡尔在其著作《历史是什么？》中写道：历史是昨天的故事。历是人类的足迹；史是人类故事的记录。它是"历史学家与历史事实之间连续不断的、互为作用的过程，就是现在与过去之间永无休止的对话"①。吕世浩直言，历史学的三大功用，一是启发智慧，即把历史当作磨刀石，用古人智慧磨炼自己的智慧；二是审时度势，学会洞彻事物发展脉络与前因后果；三是感动人心，即要改变世界，一定要了解人性、掌握人性，当人心转变了，世界才能改变。

　　历史的妙境和功用一言难尽，从大处说，它关系人类的记忆与智慧，是人类面对现实和走向未来的根基；从小处讲，我们无时无处不在历史的场景中生活，我们的行为模式和思想方法往往浸润着历史的投影。权且借助明末思想家和外交家徐光启的名言"无用之用，是为大用"来表达对历史的敬畏。

---

① E. H. 卡尔. 历史是什么？［M］. 陈恒，译. 北京：商务印书馆，2007：115.

一、记忆：树根立魂的源头

历史作为一种特殊的方式呈现出了其自身的严肃性。它是文明的言说，它是价值的追寻，它是集体的记忆，它是人类的永恒。伟大的长城，并不是堆砌在一起的简单的石砖城墙，而是自战国到明清时代与北方少数民族金戈铁马、硝烟弥漫的古战场。我们虽然远离那些历史，却没有忘却那些历史。2019 年是新中国建国70 周年，举国欢庆！2019 年也是五四运动 100 周年，"爱国、进步、民主、科学"的精神一直铭记在中国人心中。这是一种中国人集体的记忆，沉淀在我们的血液里。这是一种与其他文明异质的文化，承载在我们的记忆中。每一个华夏儿女的祖先都叫作炎黄，每一个华夏儿女都有着对汉唐盛世的骄傲，对近代屈辱的痛苦，这些共同的骄傲和痛苦，才是让我们连成一体的关键。博览"史事"意在求知，穷究"史实"意在求真，深谙"史识"意在求通。我们既不可能遍览宇宙乾坤之万千世事，也无法穷尽古今中外之兴衰沉浮。但是，历史的魅力就在于这种群体记忆中所透射出的精神——文化自觉和民族认同。

> "史学者，学问之最博大而最切要者也，国民之明镜也，爱国心之源泉也。今日欧洲民族主义所以发达，列国所以日进文明，史学之功居其半焉。"
>
> ——【清】梁启超《新史学》

> "如果历史学消失，国民意识也将因此不能存续，而如果丧失了这种国民意识，法国也好，意大利也好，都不可能存在独立的文化和真正的文明。"
>
> ——【法】布罗代尔

由此可见，无论是中国史学大师梁启超，还是西方历史学者布罗代尔都强调了史学共同的一个社会功能——乃是"弘扬传统、树根立魂"的源头。作为新史学的开创者，梁启超早在 20 世纪初就意识到西方国家文明进步的重要原因在于民族主义的兴起，爱国心的驱动，而这种民族精神的产生主要得益于史学的推动。所以他强烈呼吁创立"新史学"，为国民写历史，写全体国民的历史。

历史是维系一个民族生生不息的文化得以传承与光大的重要载体。英国学者马丁·吉尔伯特在《五千年犹太文明史》一书中勾勒了犹太人五千年历史的脉络。自古犹太人就一直被主流社会所排斥压迫,他们曾在"马其顿方阵"、"古罗马战斧"的金戈铁马中,被驱离故土长达千年,也曾在纳粹种族灭绝的梦魇中辗转流离。可就在二战结束后的短短几年中,散落在世界各地的犹太人,却在没有统一政府和威权人物振臂一呼的情况下,不约而同地向着他们魂牵梦绕的故土聚集。一个尽管空间狭小,但却不可小觑的新生现代民族国家崛起了。这就是犹太民族群体记忆中历史的力量——民族自强、文化自觉和历史自认。141 个故事所串连的五千年犹太史,其真谛就是犹太人的历史之魂——群体记忆所唤起的民族凝聚力。

史贵有魂,史贵有根。历史的力量不仅可以唤起民族的觉醒,而且可以拓宽民族的视野。近代中国的历史是一部充满屈辱与阵痛的灾难史,但更是一部不断探索与抗争的浴火重生史。

所以,虽然随着"欧风美雨"的悄然东来,曾出现了一些激进现象:在由文化自卑到文化自省的思想历程中,有些知识精英不仅要消灭传统礼法关系,打倒孔家店,连民族语言文字都要一并毁灭,把几千年来积累的文明果实当作"洗脚水",连同旧世界躯壳一并倒掉。

但是,历史的演进再一次尽现魂的魅力、根的力量,最终昭告世人:文化自信与自觉是不需要证明的信仰;文化交融与借鉴是不需要证明的信条。弘扬传统文化不意味着盲目自恋和孤芳自赏;了解西方普世价值不意味着盲目崇拜和唯他是尊。"古为今用,洋为中用"既是对传统文化的心怀敬畏,也是对人类理性的谦卑自省。

二、借鉴:继往开来的活水

历史是什么?历史是人类过去的故事。学习历史,认识过去是理解现在及未来的钥匙,了解人类社会从何处来,有助于认识社会向何处去。正如被称为"现代中国四大史学家"之一的吕思勉(1884—1957)在他的《中国通史》绪论中写的:

史学之所求,不外乎(一)搜求既往的事实,(二)加以解释,(三)用以说明现社会,(四)因以推测未来,而指示我们以进行的途径。

可见,吕思勉先生认为,学习历史的目的就在于在浩如烟海的史事中去洞悉规律：了解过去、分析现在、把握未来。

早在抗战全面爆发前十年，吕思勉就做过富有远见的预测。据他的女儿吕翼仁回忆：1928年上海光华大学由于学生激增准备扩建校舍时，校行政会收到著名学者吕思勉教授的一封信，他认为"以中国目前之处境，迟早总不免与凌我者一战"，但一朝启衅，战略上不免要放弃一些地方，在不能坚守的地方，"室庐器用，必极简单，俾迁徙便利，即毁之亦所损不多"，他建议把当时的男生宿舍，让给女生居住，而在乡间另造男生宿舍，地区不必集中，建筑不必讲究，土墙茅房就可以了，一旦战争发生，这些建筑物，就不会被敌人利用了。①

1937年"八一三事变"爆发后，日军入侵上海，光华大学所在的大西路（今延安西路）校区被日军夷为平地。

历史是现实赖以存在的基础，现实则是历史的延续和发展。了解过去，才能深刻理解现实，理解了现实，才能对未来有所把握。马克思曾经指出："人们自己创造自己的历史，但是他们并不是随心所欲地创造，并不是在他自己选定的条件下创造，而是在直接碰到的、既定的、从过去继承下来的条件下创造。"②因此，学习历史，有助于更深刻地认识现实，人们在创造历史的时候，就会尊重历史，自觉地从现实条件出发，脚踏实地地开拓前进。

中国历代王朝无不是以前朝的治乱兴衰作为前车之鉴，唐太宗说："以史为镜，可以知兴替。"宋神宗说："鉴于往事，有资于治道。"唐朝初年正是吸取了隋朝短暂而亡的鉴戒，明白"水能载舟，亦能覆舟"的道理，所以明智地实行宽政安民、轻徭薄赋的休养生息政策，从而在唐初一百年间开创了"贞观之治"和"开元盛世"的繁荣局面，使唐帝国名扬天下。北宋初年也正是吸取了唐末藩镇割据、武将夺权的历史教训，推行重文轻武的文官体制，有效加强了中央集权，防止了地方的分裂割据，为北宋商品经济和文化的高度繁荣创造了条件。

无视历史教训，则要饱尝苦果。西汉初年著名的政论家贾谊，汉文帝时担任博士，他精通历史，并以极强的历史洞察力看到了文帝时期潜在或明显的社会危机，如王国问题等。故向文帝进言献策，提出了具有见识的对策和补救办法。他

---

① 吕翼仁．先父吕思勉在抗战生活中的生活片断［A］．见：俞振基．蒿庐问学记［M］．北京：三联书店，1996：209．
② 马克思，恩格斯．马克思恩格斯选集（第1卷）［M］．北京：人民出版社，1995：585．

在《治安策》一文中指出:"然则天下之大计可知已。欲诸王之皆忠附,则莫若令如长沙王,欲臣子之勿菹醢,则莫若令如樊郦等;欲天下之治安,莫若众建诸侯而少其力。"但是非常可惜的是,贾谊的这些主张并没有得到汉文帝的重视。故而在汉景帝时不可避免地爆发了"七国之乱",造成社会动荡不安。汉武帝时终于采纳了类似贾谊的"众建诸侯而少其力"的主张,实行"推恩令",王国问题才得以最终解决。

习近平总书记强调,历史是最好的教科书,也是最好的清醒剂。我们不是历史虚无主义者,也不是文化虚无主义者,不能数典忘祖、妄自菲薄。"只有回看走过的路、比较别人的路、远眺前行的路,弄清楚我们从哪儿来、往哪儿去,很多问题才能看得深、把得准。"①

意大利历史学家克罗齐宣称,一切历史都是"当代史"。历史既然是历史学家与历史事实之间的对话,那么历史就反映了历史学家在叙述时的那个时代和他个人的思想。因此"当代史"不仅是一个时间概念,它也是一个思想概念。这意味着历史的本质在于以当下的眼光看待过去、根据当前的问题看待过去。历史与未来正是在现实中交汇,历史与现实的统一,过去与未来的联系,决定了历史学的永恒的生命力。继往开来,将历史和现实相贯通、理论和实际相结合,方能在抵达新的历史方位之际,更好地实现新时代的历史使命。

三、洞见:穿越时空的长河

历史有如一条奔流不息的长河,沟通了过去、现在和未来。我们生存在这个连续时空中,犹如一粒沙尘。比起空间的局限,个人在时间上的窘迫就更加明显,隔着生死的关隘,我们亲历的时间只有数十年,如白驹过隙,稍瞬即逝。正如《庄子·秋水》中所言:

> 井蛙不可以语于海者,拘于虚也;夏虫不可以语于冰者,笃于时也;
> 曲士不可以语于道者,束于教也。今尔出于崖涘,观于大海,乃知尔丑,
> 尔将可与语大理矣。

---

① 新华网.习近平总书记"1·5"重要讲话系列网评:回看走过的路,远眺前行的路［EB/OL］(2018－01－11)［2019－08－16］. http://www. xinhuanet. com/2018-01/11/c_1122245219. htm.

庄子眼里人的认识有三个局限性：

- 拘于虚。井底之蛙不可能跟它们谈论大海，是因为受到生活空间的限制。

- 笃于时。夏日之虫不可能跟它们谈论冰冻，是因为受到生活时间的限制。

- 束于教。乡野之士不可能跟他们谈论大道，是因为受到教养学识的束缚。

历史的神奇就在于穿越时空隧道，让我们在"究天人之际，通古今之变"中，不断超越自我的樊篱，极大地扩展个人的眼界，延伸个人思想的宽度与深度，拥有见微知著的洞见。

曾经一度对德意志第三帝国的崛起感到困惑：一个维也纳的流浪画家（业余水平）竟然一跃成为了德国领袖，影响了世界进程？对 20 世纪的一个正常人来说，几乎是一知半解的疯子臆想出来的大杂烩《我的奋斗》竟然有成百万的德国人狂热追捧？但是当我读了有关德国的历史之后，发现第三帝国的崛起有着深刻的历史和思想根源。历史方面，自 13 世纪末欧洲国家就开始出现了一个驱逐犹太人的浪潮，15 世纪末 16 世纪初，德国也出现了全面的驱逐和迫害犹太人的暗涌。中世纪尤其是三十年战争后，德国长期分裂，文明发展几乎停滞，呼唤统一、建立民族国家的强烈渴望在德意志人心中滋长。俾斯麦依靠"铁和血"建立起来的第二帝国，强化了专制王权和军国主义思想。思想方面，我们熟知的德国文化名人，如马丁·路德、黑格尔、尼采、瓦格纳等人都为第三帝国的建立提供了思想来源。德国宗教改革先驱——马丁·路德通过讲道不仅宣扬新教，还鼓吹日耳曼民族主义、热烈拥护专制政体，对德国人的思想产生深刻影响。黑格尔强调"国家就是一切，对个人有着至高无上的权力"；尼采则赞美战争，认为"只有战争才使一切事业变成神圣"，预言智力和意志方面天赋最厚的种族和超人将成为"地球的主人"；瓦格纳通过歌剧神话极力歌颂日耳曼民族精神，宣传对犹太人的仇恨思想。由此可见，希特勒的思想并非独创，而是在德国历史文化的熏陶下生根发芽的。

"后之视今，亦犹今之视昔。"历史思维，是一种长时段思维，要求我们思接千载、视通万里，以贯通古今的智慧，分析当下碰到的问题，既知其然又知其所以然。[①]

---

① 范正伟. 人民论坛：涵养我们的历史思维［EB/OL］（2019－01－25）［2019－08－16］. http://theory. people. com. cn/n1/2019/0125/c40531-30590103. html.

只是，今天的学校教育制度，基本上是工业时代的产物，是为了满足培养各种专业人才的需求而设计出的教育。在这种工匠文化的影响下，历史教育也受到了极大的冲击。教条化、标准化、碎片化的"实然性"知识，通过填鸭式、漫灌式和注射式的手段被强加给学生。令人痛心的是这种学习方式不仅不能适应日益变化的考试要求，而且更让充满着社会哲理和人生大道的"应然性"历史智慧荡然无存。长此以往，年轻人必将普遍对历史学习失去兴趣，更何谈明了学习历史的作用了。

史贵有识，史识只有在长时段、大时空中才能得到领悟。对历史的无知无畏，置历史冰鉴于不顾，往往使人坠入迷惘和黑暗。要突破空间、时间和学识的藩篱，培养不局限于眼前，而能洞彻事物发展脉络与前因后果的眼界，学习历史无疑是必须的选择。

四、跃升：人文素养的江海

素养跟知识有没有差别？当然有！人称"死亡天使"的纳粹恶魔——约瑟夫·门格勒 20 多岁获得双博士学位，然而，他并不是用自己渊博的知识来救死扶伤，他的知识变成了杀人利器。在奥斯维辛集中营内，门格勒惨无人道地用活人进行"改良人种"试验，杀害的犹太人多达百万。他所拥有的是知识，不是素养。

人文知识是一个人具有人文素养的前提和基础，知识是外在于人的东西，仅仅是材料和工具，是一种可以量化的东西。拥有较多的人文知识不一定就具有较高的人文素养，只有让知识进入人的认知本体，渗透到人的生活与行为中才能称之为素养。正如塞缪尔·斯迈尔斯所说的："知识、学问应该和善行结合。"人文"学"到最后都有一个终极的关怀，对"人"的关怀。脱离了对"人"的关怀，只能说有人文知识，不能说有人文素养。

历史乃人文之母，博大精深。从时间上看，贯穿上下古今；从空间上看，纵横世界各地；从内容上看，涵盖政治、经济、军事、文化以及社会生活、风俗民情等，凝聚着无比丰富、无比宏大精深的人类文明精华。

熟知历史的人，常常能设身处地地站在当时当地当事当人的角度去理解历史人物和事件，而不是以今时今地今人今事的立场去对其作评判。更有一种客观、理性的态度,严谨而不自以为是。

熟知历史的人,一般不会惊讶于人类化腐朽为神奇的魔力,也不会对社会的沧桑巨变和人生的跌宕起伏产生过度的担忧,而是对自然与他人充满敬畏和感恩之情,也多了一些坦然和谦逊。

熟知历史的人,知道历史不仅仅是自己民族的历史,也是人类的历史,我们所生活的世界不是单薄贫乏的平面,而是厚实富饶的立体。所以更具有一种开放心态和包容理解的胸怀。

熟知历史的人,可以去理解、接近那些曾经活生生的人,感知其背后亘古不变的人性。了解他们的苦与乐、理想与失意、追求与幻灭,不仅能激起情感上的震撼与共鸣,更能油然而生悲天悯人的情怀。

历史本是人类活动的故事,史学本是人类故事的解释,"人"的缺位与缺失无疑是历史的最大败笔。"史学之大用,从普适的角度说,乃在帮助人类认识自身。"[1]所以,我们应该引导学生在咀嚼"岁月味道"和品鉴"人文底色"的过程中,拓展视界与心界,形成思想的大格局和情感的高境界,以及"真诚恻怛"的人文素养。

---

① 柳诒徵.柳诒徵史学论文集[M].上海:上海古籍出版社,1991.

第二章

核心素养　育人导向

身处大格局、大时代、大变革中的每个人,如何发展自我,如何选择职业,如何明辨良莠,如何锻造竞争力,如何融入社会,如何陶冶人文情怀,如何坚守民族文化并兼具全球素养,是一项十分必要又是值得研究的重大课题。国际组织和世界各国在制定 21 世纪核心素养的框架时,既关注和回应了全球性社会、经济、科技发展出现的新问题、新挑战,也立足于区情、国情和社情,遵循人的身心发展和成长规律,根植符合国民教育目标的关键 DNA。

随着新修订的《普通高中历史课程标准(2017年版)》颁布后,培养学生的核心素养成为中学历史学科的教育新目标,什么是核心素养? 为什么要培养核心素养? 我想,这都是一线教师需要厘清的问题,只有理解了核心素养的内涵与背景,才能自觉地践行与落实以核心素养为导向的历史教学。承蒙上海市基础教育特聘教授、历史正高级教师周靖的提携,我有幸参加了周靖老师领衔的科研项目"核心素养:中学历史学科育人机制研究",聆听了众多专家学者关于核心素养的最前沿的解读,并承担了"博采众长:开展域外观察,把握素养特征"这一板块的研究与撰写任务。以下乃本人研究后的一些粗浅认识:

一、国际组织和世界各国的核心素养框架

当今世界,以电子计算机、互联网和人工智能为基础的科学技术日新月异,信息化及全球化深入发展,世界经济形态和人类职业形态随之发生着巨变。另一方面,世界快速发展及变化也使未来充满了不确定性,社会的复杂性也日渐凸显,自然的、科学的、人文的、伦理的,各种挑战和风险与日俱增。多极化与单边主义、文化多元化与狭隘民族主义、全球化与贸易保护主义的博弈和冲突也加剧了种种矛盾。世界发展趋势以及由此产生的问题对教育产生了重大影响,对人才培育亦提出了新的要求。身处大格局、大时代、大变革中的每个人,如何发展自我,如何选择职业,如何明辨良莠,如何锻造竞争力,如何融入社会,如何陶冶人文情怀,如何坚守民族文化并兼具全球素养,是一项十分必要又是值得研究的重大课题。基于此,国际组织和世界各国都陆续提出了培育学生核心素养的要求,有的采取"全面路线",几乎将学生的所有素养都囊括其中;有的采取"简约路线",只涉及一些关键的、高层

级的素养。① 尽管内容和形式各不相同，但其宗旨都是为了适应 21 世纪的挑战。

（一）国际组织的学生核心素养框架

自 1997 年以来，经济合作与发展组织（OECD）、联合国教科文组织（UNESCO）、欧盟（EU）等国际组织先后开展关于核心素养的研究。

1. 经济合作与发展组织——三大类别关键能力

经济合作与发展组织于 1997 年启动 21 世纪核心素养框架的研制工作，即"素养的界定与遴选：理论和概念基础"（Definition and Selection of Competencies：Theoretical and Conceptual Foundations，简称：DeSeCo）研究项目，2003 年出版了最终研究报告——《核心素养促进成功的生活和健全的社会》（*Key Competencies for a Successful Life and a Well-Functioning Society*），该报告直接使用了"核心素养"一词。见表 2-1：

表 2-1　经济合作与发展组织（OECD）学生核心素养内容

经济合作与发展组织（OECD）学生核心素养								
运用多种工具互动			与异质群体交流互动			自主行动		
运用语言、符号和文字交流的能力	运用知识和信息交流的能力	运用信息技术交流的能力	与他人良好交流的能力	学会合作的能力	解决问题与冲突的能力	看大局行动的能力	制定和执行生活计划和个人项目的能力	维护权利、利益、限制和需要的能力

经济合作与发展组织制定的核心素养框架将核心素养划分三大类别九项素养。三大类别既关注不同方面，如硬实力——运用多种工具互动，软实力——与异质群体交流互动，以及软硬实力结合——自主行动，彼此间又相互交叉渗透，共同构成核心素养的基础。该框架以反思为核心，整合了各项核心素养，超越了传统意义上的知识与技能，旨在培育学生适应全球化、知识经济与技术变革时代要求的综合素养，以实现个体与社会的共赢。如图 2-1 所示：

---

① 褚宏启，张咏梅，田一. 我国学生的核心素养及其培育[J]. 中小学管理，2015(9)：5.

图 2 - 1　经济合作与发展组织(OECD)三大类别

2. 欧盟——八项素养

受经济合作与发展组织的影响,欧盟亦感到了研究核心素养的紧迫性,于2002 年 3 月发布研究报告《知识经济时代的核心素养》。经过不断研讨论证,2006年 12 月,欧洲议会和欧盟理事会通过了关于核心素养的建议案——《以核心素养促进终身学习》(*Key Competences for Lifelong Learning*),标志着八项核心素养正式发布。见表 2 - 2:

表 2 - 2　欧盟(EU)学生核心素养内容

母语交流	外语交流	数学能力和科学技术方面的基本能力	数字化能力	社会和公民能力	主动意识,创业精神	文化意识与表达	学会学习
对于批判性和建设性对话的倾向,欣赏审美素质并愿意为其争取,与他人交流的兴趣。	欣赏文化多样性,对语言和跨文化交流的兴趣和好奇心。	数学:对真理的尊重,积极寻求理由并评估其有效性。科学技术:敏锐的鉴赏力和好奇心,对道德问题有兴趣,尊重安全和可持续发展,尤其是科学技术的进步与个人、家庭、社区和全球问题的联系。	对可用信息的批判性和反思性态度,并负责任地使用互动媒体,因为文化,社会或职业原因从事社区和网络方面的工作。	合作,自信与正直的态度,对社会经济发展和跨文化交际有兴趣,重视多样性和尊重他人,并做好克服偏见和妥协的准备。	在生活中和工作中的主动性,活动性,独立性和创新性,达到目标的动机和决心。	对自己文化的理解以及认同感,从而以开放的态度尊重文化表达的多样性。	求知的能力和持之以恒地学习的能力,组织个人或团队学习的能力;对学习过程、目标和机会的认识,解决学习困难的能力;在已有知能基础上获取新知能的能力;动机和自信。

欧盟制定的八项核心素养,其中母语交流、外语交流、社会和公民能力以及文化意识与表达四项核心素养,均体现了在全球化浪潮下,国与国之间、人与人之间的依赖性更加紧密,公民应该拥有合作的精神和包容的心态,积极与周围世界交流互动。数学能力与科技能力、数字化能力两项核心素养则突出体现了随着互联网＋和大数据时代的到来,公民所必须具备的信息化素养。学会学习和主动意识、创新精神两项核心素养则是公民个体适应未来社会、实现个人成功的自主行动能力。

欧盟的核心素养构筑了欧盟新教育的主轴,描绘了教育进步的共同愿景,也使各成员国教育政策的制定以及课程改革,有了可供参照的框架和方向。各成员国或地区在发展适合本国国情教育的基础上,力求做到与世界发展趋势相接轨。

3. 联合国教科文组织——七个维度

联合国教科文组织早在 20 世纪 60 年代就提出终身学习的概念,在研究分析世界诸国众多案例的基础上,于 2013 年 2 月发布《走向终身学习——每位儿童应该学什么》,其主要观点有:

一个转变:教育应由工具性目标(把学生培养成提高生产率的工具)转变为人本性目标(学生情感、智力、身体、心理诸方面的潜质与素质都能通过学习得到发展)。

七个维度:教育应从身体健康、社会情绪、文化艺术、文字沟通、学习方法与认知、数字与数学、科学与技术七个维度的核心素养展开。[1]

联合国教科文组织倡导世界各国根据上述框架,采取立法方式,因国而异确立各国学生终身学习的核心素养,从而奠定各国教育的基石。

（二）欧盟成员国的学生核心素养框架

受欧盟核心素养框架的影响,英国、法国、德国等欧盟成员国也陆续出台了本国的核心素养。见表 2-3 和表 2-4:

---

① 褚宏启,张咏梅,田一. 我国学生的核心素养及其培育[J]. 中小学管理,2015(9):4.

表 2-3　英国、法国学生核心素养内容

英国学生核心素养							法国学生核心素养					
熟悉现代语言	运用科技与信息	有效地沟通运用数学	与他人合作	学习与自我提升	处理变化	解决问题	掌握法语	至少会运用一门外语	掌握数学基本知识	掌握信息和信的常规技术	与他人合作	具有自行履行公民责的科学与文化

表 2-4　德国学生核心素养内容

德国学生核心素养																	
外语的掌握	媒体素养	终身学习的意愿与动力	有关工作和跨越不同职业领域的知识	交流与沟通能力	国家合作	领导能力	冲突管理	判断关系的能力	解决问题	责任感	批判性判断	创造性	勇于进取	自我控制	决策能力	抗压力	独立行为

由上表可见，英法德三国的学生核心素养内容都包含了对学生的语言、信息、团队合作意识的培养，秉承了欧盟的核心素养框架和要旨。但三国学生核心素养的具体要素却不尽相同。比如，德国对于学生在复杂环境中处理问题和自主行动方面的素养要求具体而细致，既强调了学生心理素质方面的素养要求，又明确了培养学生批判性、创造性思维的素养要求，凸显了对学生领导力的培养——充分体现了德国人的严谨态度。

（三）亚太发达国家的学生核心素养框架

1. 美国——21 世纪核心技能框架

2002 年，美国正式启动 21 世纪核心技能研究项目，创建美国 21 世纪技能联盟（Partnership for 21st Century Skills，简称：P21），努力探寻学生于 21 世纪获得成功的技能。2007 年，美国 21 世纪技能联盟公布了 21 世纪核心技能框架体系。如图 2-2(亦称彩虹图)所示：

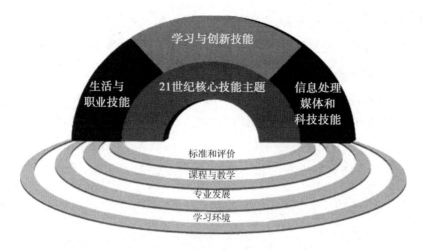

图 2-2　美国 21 世纪核心技能框架

彩虹图展现了美国 21 世纪核心技能的三大类别：

第一类为学习和创新能力，包括创造力、批判性思维、解决问题、沟通和协作能力。

第二类为信息、媒体和科技技能，包括信息素养、媒体素养、ICT 素养。[①]

第三类为生活和职业技能，包括灵活性与适应性、主动性与自我导向、社会与跨文化素养、效率与责任、领导与负责。

这三类核心技能主要描述学生在未来工作和生活中必须掌握的技能、知识和专业智能，是内容知识、具体技能、专业智能与素养的融合。每一类核心技能的落实都有赖于基于素养的核心科目与 21 世纪核心技能主题的学习，即彩虹图的内环部分。图中的底座部分呈现的四个支持系统，包括 21 世纪核心素养的标准与评价、课程与教学、教师专业发展以及学习环境，它们构成了保证 21 世纪核心素养实施的基础。[②]

2. 日本——21 世纪型能力框架

随着全球化的迅猛发展，日本社会的主要问题愈发凸显，诸如有限资源的合

---

① ICT 是信息、通信和技术三个英文单词的词头组合（Information Communication Technology，简称 ICT，它是信息技术与通信技术相融合而形成的一个新的概念和新的技术领域。

② 师曼，刘晟，刘霞，周平艳，陈有义，刘坚，魏锐. 21 世纪核心素养的框架及要素研究[J]. 华东师范大学学报（教育科学版），2016(3)；31.

理分配,现代家庭的少子化,人口的老龄化等。面对世界与日本社会的变化,加强基础教育,发展现代信息技术,培养高素质的新型人才成为解决问题的主要路径。

基于此,日本各政府部门深入开展教育目标的研究并提交各自的方案。内阁府在 2003 年提出了"人所需要具备的能力",厚生劳动省在 2004 年提出了"就职基础能力",经济产业省在 2006 年提出了"社会人所需要的基础能力",文部科学省在 2008 年提出了"学者所需要具备的能力"等。综合日本政府各部门的讨论意见,日本国立教育政策研究所于 2013 年公布了"21 世纪型能力"方案。如图 2-3 所示:

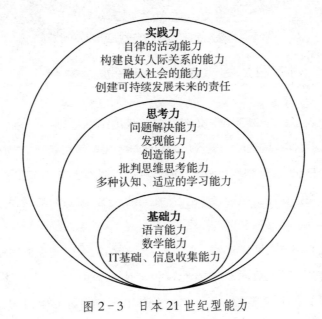

图 2-3　日本 21 世纪型能力

"21 世纪型能力",即 21 世纪具有竞争能力的日本国民应该具备的能力。从图 2-3 可以看出,21 世纪型能力包括:

基础能力——处理语言、数学和信息的工具和技能。

思考能力——针对问题,个人能有自己的思考,与他人讨论交流,进行整合研究,寻找更好的解决方案,学习新知识,并继续深入探究。

实践能力——发现日常生活、社会环境中呈现的问题,运用知识和技能,寻找既利于发展自我又裨益社会的解决方案。

为了达成以上目的,日本教育部门还提出了学习能力的三个要素:一是基础和基本的知识和技能;二是活用基础知识的思考力、判断力和表现力等;三是学习的兴趣和兴致。

3. 新加坡——21世纪核心素养框架

在21世纪全球化进程中,人口的变化和科技的进步成了改变社会的驱动力。为使学生更好地把握机遇、迎接挑战,2010年新加坡政府提出了"21世纪核心素养"的结构框架。如图2-4所示:

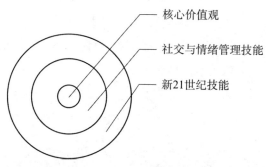

图2-4　新加坡21世纪核心素养

新加坡核心素养框架包含三部分内容,即核心价值观、社交与情绪管理技能以及新21世纪技能。核心价值观处于框架的中心,包括尊重、诚信、关爱、抗逆、和谐、负责,这是素养框架中的核心与决定性因素,它决定了社交及情绪管理技能。社交及情绪管理技能包括自我意识、自我管理、自我决策、社会意识和人际关系管理。核心素养通过对社交及情绪管理技能的影响,又决定了新21世纪技能培育的具体类型。

新加坡政府设置的新21世纪技能包括三项:一是交流、合作与信息技能;二是公民素养、全球意识和跨文化交流技能;三是批判性、创新性思维。其中,交流、合作与信息技能包括信息开放、信息管理、负责任地使用信息以及有效地交流信息;公民素养、全球意识和跨文化交流技能包括活跃的社区生活参与、国际与文化认同、全球意识以及跨文化的敏感性和意识;批判性、创新性思维包括合理的推理与决策、反思性思维、好奇心与创造力以及处理复杂性和模糊性问题的能力。

新加坡政府希望学校教育能立足上述三项核心素养,最终达成四项理想的教育成果,即培养充满自信的人、能主动学习的人、积极奉献的人以及心系祖国的公民。①

4. 澳大利亚——七项通用能力框架

面对科技与经济的迅猛发展,澳大利亚启动有史以来规模最大的课程改革,尝试建立覆盖所有教育阶段的课程体系。2008 年发布的《墨尔本宣言》(*Melbourne Declaration on Educational Goals for Young Australians*)为澳大利亚未来教育的发展提供了战略性思路和发展方向。而促进教育的公平与卓越,培养青少年成为成功的学习者、自信且富有创造力的个体和主动明智的公民成为《墨尔本宣言》的总目标。基于这一目标,澳大利亚课程评估与报告管理局公布了公民所必须具有的七项通用能力。如图 2-5 所示:

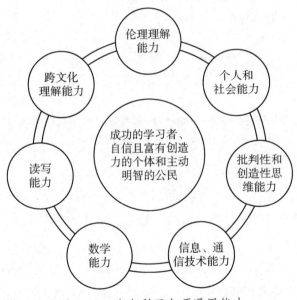

图 2-5　澳大利亚七项通用能力

读写能力——在不同的情境中听、读、看、说、写作和口头创作不同文本以及使用和转换语言的能力,包括文本知识、语法知识、文字表达和信息文本知识四个方面,是学生学习各领域知识所必须具备的

---

① 褚宏启,张咏梅,田一. 我国学生的核心素养及其培育[J]. 中小学管理,2015(9): 5.

基础。

数学能力——理解数学的作用，有目的地运用数学知识与技能，包括估算和计算、认识和使用模型、使用空间推理和解释统计信息等的能力，是学生为承担未来责任所做准备的基础技能。

信息与沟通能力（ICT）——充分使用 ICT 进行调查、沟通、创新、管理和运用等的能力，是数字时代学生需要掌握并熟练运用的技术。

批判性与创新性思维能力——询问、识别、探索、组织信息的能力，分析、综合、评估、推理、反思过程和结果的意识等，涉及学生的认知能力、逻辑能力、想象力、创造力、合理论证的能力及运用信息解决问题的能力，批判性思维是智力活动的核心。

个人与社会能力——自我意识和自我管理的能力，同情理解他人、建立积极人际关系、在团队中有效工作、处理挑战性问题以及团队领导力等社会意识和社会管理的能力，旨在使个人能够正确处理与社会的关系。

道德伦理能力——理解伦理观念、问题决策、行为推理、价值观、权利和责任等的能力，有助于学生处理不同情境、冲突和不确定性问题。

跨文化理解能力——学习和参与多元文化、识别文化共同点和差异性、与他人建立联系并相互尊重、批判性地观察本国文化的能力，旨在提升文化包容能力以更好地融入世界。

二、基于各类核心素养的综合比较

（一）缘育人宗旨而具相似性

为了顺应全球化的发展，应对知识经济时代的瞬息变换，经济合作与发展组织（OECD）、欧盟（EU）和联合国教科文组织（UNESCO）等国际组织，以及英国、法国、德国等国家相继提出了核心素养的概念，明确了核心素养内涵。美国、日本、澳大利亚三国则分别以"21 世纪核心技能"、"21 世纪型能力"、"七项通用能力"的概念来表述"核心素养"，虽遣词不同，但都反映了当前和未来社会发展对教育、对公民的最新要求，呈现出鲜明的共性特征。

1. 背景与动机相似

（1）就 21 世纪的时代特征达成基本共识

经济合作与发展组织认为：首先，随着 21 世纪科技的迅速发展，人们需要适应并掌握不断变化的科学技术；其次，社会日益多元化，人们需要学会与不同文化背景的个体交流，学会以团队合作的方式应对挑战；再次，全球化和现代化正在创造一个相互关联的世界，人们彼此之间的依存度越来越强，需要学会在相对陌生的社区、环境和文化中生存和发展。

欧盟认为：核心素养指的是个体为了自身发展、参与社会、融入群体和就业所需要的素质。随着全球化的发展，欧盟正面临着诸多挑战，每位公民都需要培育核心素养以适应变化迅速、关系紧密的世界，而教育是欧洲公民育成核心素养的重要途径。欧盟强调，对于个体、社会、文化、经济和环境等原因造成的教育弱势群体，需要给予特殊的教育支持以调动其潜能。

美国商界以及学者指出：随着经济全球化的迅猛发展，企业对具有复杂思维能力、良好沟通能力的人才需求大大增加，他们呼吁美国政府研究发布核心技能标准，并将其纳入学校教育课程体系。

日本学者认为：当今世界全球化浪潮势不可挡，而日本社会面临着诸多问题，资源有限及如何分配的问题、现代家庭少子化的问题、人口老龄化的问题，这些问题的叠加，会导致社会缺乏生机活力。他们提出必须加强基础教育，发展和运用信息技术，培养高素质的新型人才，以突破现实以及在未来相当长时间内仍将持续的困局。

综合经济合作与发展组织、欧盟、联合国教科文组织，以及美国、日本、新加坡和澳大利亚等国际组织和主要国家关于核心素养内涵的表述，可知，他们立足世情、区情、国情，立足现实和未来，就 21 世纪的时代特征达成了基本共识：一是全球化深入发展；二是科技日新月异；三是社会日益多元化；四是世界联系日益加强。并不约而同地提出了应对之策，亦即从改革和发展教育入手，顺势而为以求站立于时代的潮头。

（2）就 21 世纪新型人才的培养目标达成基本共识

国际组织和世界主要国家针对 21 世纪的时代特征，纷纷提出了培育新型人才核心素养的要求，其制定的新型人才培养目标具有趋同性。

经济合作与发展组织认为：21 世纪的学生需要与信息科技与时俱进，需要与周围世界积极对话,需要应对多样性社会的挑战;能尊重、理解他人,能在复杂的环境中认识自我和设定发展目标。还强调,核心素养应该为人人所需,在多个实用领域都具有其特殊价值。素养的选择应该考虑情境的适用性,包括经济与社会领域、个人生活领域以及一些特定领域。

欧盟认为:要培养欧盟公民终身学习的意识与能力,从而确保在全球化和知识经济浪潮的冲击下,能够实现自身价值。

新加坡政府提出了理想的人才培养目标,即培养自信、持续学习、积极奉献以及认同祖国的公民。

澳大利亚联邦政府教育部则制定了培养青少年成为成功的学习者,成为自信、有创造力、有智慧的公民的总体目标。

由此可见,国际组织和各国人才培养有着共同的目标:一是自信;二是终身学习;三是实现个体成功和社会发展双赢,以适应 21 世纪新形势的发展。

2. 内容与结构相似

纵观国际组织和主要国家的核心素养框架,不难看出:语言素养、数学素养、信息素养、创造性素养、批判性思维素养、解决问题素养、沟通与合作素养、自我管理素养等八大素养是其共同关注的素养,这些素养分别可以归属于以下三大类别:人与工具;人与社会;人与自我。[1] 见表 2-5:

表 2-5 各区域核心素养内容之比较

核心素养类别	人与工具	人与社会	人与自我
经济合作与发展组织	互动使用多种工具	与异质群体交流	自主行动
欧盟	母语、外语、数学、科技、数字化	社会和公民能力、文化意识与表达	学会学习、主动意识和创业精神
美国	信息处理、媒体、科技	生活和职业技能	学习与创新能力
日本	基础力	实践力	思考力
澳大利亚	读写、数学、信息技术	个人和社会能力、跨文化理解能力、伦理理解能力	批判性和创造性思维能力

---

[1] 张华.论核心素养的内涵[J].全球教育展望,2016(4):45.

由表 2－5 可见,欧盟和世界主要国家的核心素养框架主要受到经济合作与发展组织的核心素养框架的影响。

(二) 因国情特色而具差异性

由于国际组织制定框架的初衷和服务对象各不相同,世界各国的社会经济发展水平和文化特征各有差异,不同核心素养框架呈现出鲜明的国情特色。

经济合作与发展组织是由美国、日本、韩国、澳大利亚、新西兰等 36 个市场经济国家组成的政府间国际经济组织,旨在共同应对全球化带来的经济、社会和政府治理等方面的挑战,并把握全球化带来的机遇。因其成员国分布于三大洲,所以该组织提出的核心素养框架更为宏观和抽象,即以实现个人成功与促进社会发展为基础。

欧盟提出的八项核心素养,通过统一的"顶层设计",以帮助成员国应对全球化发展和社会多样性的挑战,推动成员国发展符合欧洲整体发展需求的、面向未来的教育。同时,又可以作为促进国家改革和成员国之间深度合作的共同参照。由此,欧盟核心素养的框架微观具体,强调与学科密切相关的素养,侧重培养跨文化的素养,以及公民对文化多样性的尊重与包容等品性。

美国、日本两个发达国家的核心素养更多地关注 21 世纪职场的需要,强调创造力和创业精神的培养。2016 年世界教育创新峰会(WISE)与北京师范大学中国教育创新研究院共同发布的《面向未来:21 世纪核心素养教育的全球经验》研究报告显示:高收入经济体对"全球化"和"知识时代"可能带来的影响更为敏感,更加关注信息素养、创造性与问题解决、跨文化与国际理解,重视自我认识与自我调控素养的培养,关注人生规划、幸福生活以及领导力等。[①]

新加坡由于受中国儒家文化的影响较深,其核心素养的框架把核心价值观放在中心位置,强调培养有责任感、心系国家的合格公民。

总而言之,国际组织和世界各国在制定 21 世纪核心素养的框架时,既关注和回应了全球性社会、经济、科技发展出现的新问题、新挑战,也立足于区情、国情和

---

① 刘坚,魏锐,刘晟,等. 面向未来:21 世纪核心素养教育的全球经验(研究设计)[J]. 华东师范大学学报(教育科学版),2016(3):34.

社情,遵循人的身心发展和成长规律,根植符合国民教育目标的关键DNA。[①]

三、中国学生发展核心素养框架

(一) 中国学生发展核心素养

为了适应信息时代和知识社会对人的新要求,顺应世界教育改革发展趋势,提升我国教育国际竞争力,同时又立足国情,贯彻落实国家"立德树人"的总体要求,我国教育部组织成立核心素养课题组,历时三年的集中攻关,终于在2016年9月发布了研究成果《中国学生发展核心素养》白皮书。什么是学生发展核心素养?白皮书指出:"学生发展核心素养主要指学生应具备的,能够适应终身发展和社会发展需要的必备品格和关键能力。"具体而言,中国学生发展核心素养以培养"全面发展的人"为核心,分为文化基础、自主发展、社会参与三个方面,综合表现为人文底蕴、科学精神、学会学习、健康生活、责任担当、实践创新等六大素养,具体细化为国家认同等18个基本要点。见表2-6:

表2-6　中国学生发展核心素养

核心	三个方面	六大素养	18个基本要点
全面发展的人	文化基础	人文底蕴	人文积淀、人文情怀、审美情趣
		科学精神	理性思维、批判质疑、勇于研究
	自主发展	学会学习	乐学善学、勤于反思、信息意识
		健康生活	珍爱生命、健全人格、自我管理
	社会参与	责任担当	社会责任、国家认同、国际理解
		实践创新	劳动意识、问题解决、技术运用

中国学生发展核心素养是对核心素养的中国式表达,具有以下三个方面的鲜明特征:

其一,中国学生发展核心素养是一个结构,具有方向性、理念性、价值性、落实性的召唤,因而它是一个召唤性结构。其二,中国学生发展核心素养的根本任务

---

① 钟启泉.“核心素养”的“核心”在哪里? [J].内蒙古教育:A,2016(6):7.

是落实立德树人的根本宗旨,探索、建构具有中国特色的立德树人的育人模式。其三,中国学生发展核心素养体系深植于中华优秀的文化传统土壤中,又面向现代化、面向世界、面向未来,既具有中国文化底蕴,又具有时代特点,两者融合、互动、支撑。①

　　中国学生发展核心素养,回答了"教育应该培养什么样的人?"这一问题,将个人终身发展与社会发展价值取向二者有机融合,聚焦学生全面发展,凸显学科育人、教育育人的理念。

（二）历史学科核心素养

　　作为核心素养的载体,学科核心素养是学科育人价值的集中体现,是通过某学科学习而逐步形成的关键能力、必备品格与价值观念。历史学科核心素养包括唯物史观、时空观念、史料实证、历史解释、家国情怀五个方面。唯物史观是历史学科诸素养中的灵魂,是诸素养得以达成的理论保证;时空观念是诸素养中学科本质的体现,是历史学科有别于其他学科的重要特征;史料实证是诸素养得以达成的途径;历史解释是诸素养中对历史思维与表达能力的要求;家国情怀则体现

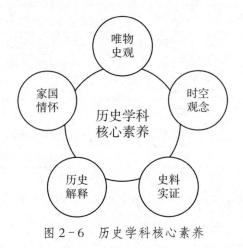

图 2-6　历史学科核心素养

---

① 成尚荣. 核心素养的中国表达[N/OL]. 中国教育报,2016-09-19[2016-09-19]. http://paper. jyb. cn/zgjyb/html/2016.09/19/content_463217. htm? div=-1.

了诸素养中的价值目标,旨在通过诸素养的培育,达至立德树人的要求。①

要全面理解和正确处理五大学科素养的内涵界定和相互关系。对于培养新时代高中学生未来发展的关键能力和必备品格而言,历史学科五大学科核心素养是一个上下联动、彼此牵动的有机整体。在历史教学中,培养学生的"历史解释"学科素养,必须运用"唯物史观"的科学理论与方法,以真实的材料为依据,以清晰的史实为依托,透过历史时空变化,在同情之理解的基础上,去探明历史的因果逻辑,解读历史的发展趋势,阐释历史的演变规律,从而涵养学生健康和健全的世界观、价值观、情意观。

核心素养的落地关键在于学科的课堂教学设计与实施。在以往的教学设计中,教师往往更多关注的是三维目标,即知识与技能、过程与方法以及情感、态度与价值观。而今后的教学应该基于学科核心素养,在教育教学实践中,探索教学方式、学习方式和评价模式的变革,充分挖掘历史学科的独特价值,将核心素养的育人功能与学科价值有机结合,真正使培养核心素养落到实处。

---

① 中华人民共和国教育部制定.普通高中历史课程标准(2017 版)[S].北京:人民教育出版社,2018:4.

第三章

围绕素养　重构教材

素养是一种滋育、一种养成。核心素养的培养是教师合理选择、整合教学内容的出发点和最终归宿；对教学内容的完整、准确的把握是教师合理选择、整合教学内容的前提和基础。历史学科核心素养的滋育，在历史教学中是在教师合理选择教学内容，有机整合学习素材的基础上，渐行渐近的一个过程。

学科核心素养的滋育,必须植根于丰厚的历史土壤之上。《普通高中历史课程标准(2017 版)》在课程结构的设置和课程内容的设计方面,为课程运行做出了系统性、原则性、指导性的安排,为学科核心素养的滋育提供了基本保障。但是,在日常历史课堂教学过程中,历史教师应该根据具体的学情、学段和教学实际,灵活机动地选择教学资源,整合教学内容,设计教学流程,游刃有余、润物无声地培养学生的学科核心素养。

合理选择、整合教学内容,必须建立在三大基石之上:渗透学科素养的涵养,围绕教学目标有效达成;深谙课程内容的真谛,围绕中心主旨有机筛选;领悟历史现象的关系,围绕内在逻辑有序整合。

一、聚焦目标、围绕主旨、滋育素养

教学目标是历史教学的一种理想诉求,是历史教师借助历史教学对学生身心变化的一种期望。教学内容的选择与整合,必须是在目标统摄之下的一种合理取舍和有机合成。比如,在讲解"祖国统一大业"一课中,要践行让学生从时空变化和历史沿革的视角解释"一国两制"的教学目标,教师就不能简单地拘泥于教材对"一国两制"概念的机械解读和内涵挖掘。这就需要适度选择诸如外部世界冷战爆发和两极格局结构性变化,以及毛泽东、周恩来提出的"一纲四目"方针等相关材料,从而让学生知道,"一国两制"的国策并非偶然,它的由来、雏形和完善,是一个受制于多种复杂因素的动态发展过程。

内容主旨是历史教学中特定问题的轴心,也是一节课的灵魂。教学内容的选择和整合,要围绕主旨、凸显灵魂。主旨或灵魂源于历史感知的理性升华和历史体验的内心感动,它是高屋建瓴眺望历史,洞察秋毫沉思历史,另辟蹊径叩问历史的一种眼界。抓住了主旨和灵魂，教学内容的选择就有了核心，教学资源的整合就有了焦点。所以，教师要善于在主旨或灵魂统摄下，变多种资源为诠释核心的素材，使历史演绎、教学流程、学习体验在这个主轴下形散神聚、顺畅流淌。

素养是一种滋育、一种养成。历史学科核心素养的滋育，在历史教学中是在教师合理选择教学内容，有机整合学习素材的基础上，渐行渐近的一个过程。

二、深刻理解、精准领会、深谙要旨

课程标准强调："教师在正确理解核心素养的基础上，要依据高中历史课程标准，完整、准确地把握历史课程内容及教学要求。"由此可见，核心素养的培养是教师合理选择、整合教学内容的出发点和最终归宿；对教学内容的完整、准确的把握是教师合理选择、整合教学内容的前提和基础。所谓正确理解核心素养，即正确理解核心素养、历史学科核心素养的内涵以及核心素养与历史学科核心素养的关系。所谓完整，即全面、系统地把握课程内容，构建清晰的历史脉络。所谓准确，即运用唯物史观，尽可能对历史史实进行客观理性的阐释。因此，教师应该在对上述概念与内涵正确理解的基础上，进一步在教学实践中探究如何合理选择、整合教学内容以提升学生的历史学科核心素养。

高中历史课程内容分三部分：必修课程、选修Ⅰ课程和选修Ⅱ课程。

高中历史必修课程《中外历史纲要》是高中历史学习的基本内容。本课程的基本结构是按照历史发展的时序，以通史的叙事框架，以学习专题的方式展示中国历史和世界历史发展的基本历程。本课程共有25个专题，从第1个专题"早期中华文明"到第15个专题"改革开放与建设中国特色社会主义"，反映的是中国历史的变迁；从第16个专题"古代文明的产生与发展"到第25个专题"当今世界的发展特点和主要趋势"，反映的是世界历史的变迁。要求学生在掌握历史发展基本线索的基础上，对重要历史问题进行分析。建议通过对课程内容的整合，引导学生深度学习，促进学生带着问题意识和证据意识在新情境下对历史进行探索，拓展其历史认识的广度和深度。

课程标准所强调的"深度学习"，是指在理解学习的基础上，学习者能够批判地学习新的思想和事实，并把它们融入原有的认知结构中，能在众多思想中进行联系,并能将已有的知识迁移到新的情景中去,并学习如何作出决策和解决问题。

历史选修Ⅰ课程是必修课程的递进与拓展。本课程由三个模块18个专题组成,主要围绕国家制度、经济和社会生活、文化的交流与传播三个主题展开。按学习专题编排,各学习专题既相互独立,又有着一定的关联,要求学生从多个角度探寻与模块专题相关的史事,深入了解其发展状况及成因。因此,教师在进行教学设计时,需要整体梳理教学内容,把握每一学习专题所涉及的范围、重要史事和核心问题,并将这些核心问题的解决与学生历史学科核心素养的养成联系起来。在分析课程结构的基础上,教师需要对教学内容进行更为有效的整合。

课程标准强调的"核心问题",是学习专题中教学重点之重点,即教学内容中的关键问题。只有抓住和准确把握核心问题,才能对本学习专题教学内容进行深入的历史理解和历史解释。

历史选修Ⅱ课程是在必修课程和选修Ⅰ课程基础上的进一步延伸。本课程由两个模块14个专题组成,主要是对历史学基本知识和史料的介绍、解读。要求学生了解史学的一些基本常识,掌握搜集、整理和运用史料的基本原则和主要方法,具备一定的史学研究能力。理解史学探究的目的是求真求实,提高学习历史的兴趣,发展历史思维能力,增强学好历史的信心。建议教师在学生已有的历史知识基础上,开展课外文献史料的研读与探究。

三、择机选择、适切整合、融会贯通

(一) 瞄准焦点问题

课程标准强调:教师在钻研教材时,要对学习专题的内容进行梳理,明确该专题所涉及的范围及重要史事,在此基础上,概括和确定该专题中最为关键的问题,并将这些关键问题的解决与核心素养的发展建立起联系,围绕关键问题对教学内容进行整合。

这里所指的关键问题就是上文提到的核心问题。课程标准中以必修课程"人民解放战争"这一学习专题为例进行了阐释,为便于教师进一步理解、确定教学内容中的关键问题,在此再举一例:

例如,必修课程中"晚清时期的内忧外患与救亡图存"这一学习专题,史事的范围是晚清时期(1840—1912),关键问题一是列强侵华对中国社会的影响,二是中国社会各阶级为挽救危局所作的努力及存在的局限性。这两个问题是教学内容中的核心问题。教师在教学中,要使学生全面、正确地认识这两个问题,认识到列强侵华带给中国社会深重的灾难与民族屈辱和民族觉醒,以及中国社会各个阶层在屈辱中抗争、在屈辱中探索救亡图存道路的艰难历程。并在此过程中提升学生在唯物史观、历史解释与家国情怀等方面的素养。

(二)凸显重点问题

课程标准强调:在分析和整合教学内容的基础上,教师需要将教学的重点提炼出来。尤其是高中历史课程的内容涉及面广,包含的史事多,所以更需要突出核心要点,通过重点内容的突破,带动整体内容的教学。

教师在教学中不可能做到对教学内容面面俱到,可以选择有代表性的重点内容作重点分析,引导学生得出一些规律性的或共通性的认识,从而促使学生对整体内容有效理解与准确把握。

在课程标准中以必修课程的"春秋战国的政治社会变动与'华夏'观念的形成"这一学习专题为例,选择了"商鞅变法"作为春秋战国时期的各国变法的最具代表性的重点内容进行分析、讨论,使学生认识到春秋战国这一时期各国变法无非都是围绕政治、军事、经济等方面进行改制以图富国强兵。这种通过重点内容的突破,带动整体内容的教学有助于学生理解和解释历史能力的发展。

在历史教学内容中类似案例不胜枚举,例如必修课程的"西方人文主义的发展与资本主义制度的确立"这一学习专题中,有关资产阶级革命的发生和资本主义政治制度的确立,最有代表性的就是英国。英国资产阶级革命发生的原因主要包括 17 世纪英国资本主义商品经济的快速发展、斯图亚特王朝的专制统治、清教主义思潮和早期启蒙思想的产生等,革命的过程经历了议会斗争、内战、共和国建立、斯图亚特王朝复辟、"光荣革命",革命的成果是颁布了《权利法案》、《王位继承法》,确立了资产阶级君主立宪政体。教师可以对以上内容进行提炼、归纳,例如革命的原因从三方面入手,首先是资本主义经济的发展,其次是封建专制王朝统治对经济发展的阻碍,再次是因经济与政治之间的矛盾而引发的新思潮的出现,成为革命的理论武器。革命过程的曲折、反复,体现了新旧两股政治势力的博弈,革命的成果体现为两部法律文件的颁布与实施,标志着议会至上的资产阶级民主政体的建立。聚焦英国资产阶级革命,可以帮助学生认识到法国大革命等早期资产阶级革命的发生与资本主义政治制度的确立有着诸多共性特征,举一反三,有助于提升历史理解能力。

(三) 创设新颖问题

课程标准强调:对历史教学内容的整合,还可以根据学生的学习情况,运用主题教学、问题教学、深度教学、结构—联系教学等教学模式,对教科书的顺序、结构进行适当的调整,将教学内容进行有跨度、有深度的重新整合,设计出更具有探究意义的综合性的学习主题。

所谓主题教学,是以主题为中轴,围绕教学主题而展开的。在教师充分地将教材知识内化为教师知识的基础上,根据学生现有知识水平与知识结构,建构出符合学生最近发展区需求的新的教材结构,进而确定教学主题并进行设计与教学。这一教学模式,旨在充分调动学生参与的积极性,促成有效学习。

所谓问题教学,是指教学内容以问题的形式呈现在学生的面前,让学生在寻求、探索解决问题的方法的思维活动中,掌握知识、发展智力、培养技能。"问题教学"注重引导学生主动参与、亲身实践、独立思考、合作探究,培养学生学会提出问题、分析问题、解决问题的能力以及交流与合作的能力。

所谓深度教学,是相对浅层教学而言,指在教学中,教师应积极引导学生对知识进行深入探讨,或把学生的思维"聚焦",引向问题深处,或把学生的思维"发散",多角度、多层次地分析问题,不断提升学生的思维能力。学生在思考、讨论和交流中,深化了对知识的认识,培养了思维的深刻性。

所谓结构—联系教学,是指用结构化的知识进行组装式教学,构建学科知识结构,建立新旧知识之间的联系,帮助学生把握知识脉络,有效理解各知识之间的联系。

无论何种教学模式,对教学内容的整合,课程标准指出主要有两种方式:

一是加强历史横向联系的整合,即将同一历史时期的中外史事整合在一起,使学生以更为宽阔的历史视野进行认识。这里强调的是同一历史时期,不同地区的文明之比较与联系,培养学生树立全球史观。

二是凸显历史纵向联系的整合,即对历史发展中有前后关联的内容加以梳理,将分散在各专题中的相关内容整合在一起,形成新的学习主题,或设计出更有意义的教学活动。这里强调的是针对不同历史时期相关的内容进行整合设计,通过对其历史演变的基本内容的梳理与探究,展开深度学习。

课程标准以必修课程中国史的教学为例,设计了综合探究的教学活动主题"中国历代疆域的变迁"。再比如,以必修课程中国史为例,教师可以设计"华夏观念的形成和华夷之辨"教学活动主题,还可以设计"西学东渐与近代中国社会的嬗变"等教学活动。通过对活动目标、活动过程的设计,将问题探究与历史学科五个核心素养的培养有机地结合起来,促进学生历史学科核心素养的发展。

课例:"德法关系"教学设计与教学实录

笔者在教学实践中进行了诸多尝试,例如在高二历史教学中,以"德法关系"为主题,将《高中历史教材》(华师大版)的第一、四、五、六分册教材打通,重构知识体系,开设了一节市级拓展型研讨课。有关本节课的教学设计与教学实录的具体详情如下:

践行史学思想方法
提升历史学习实效
教学研讨活动
上外附中
2018. 12. 27

"历史文化与时代变迁下德法关系嬗变"
教学设计

执教者:上外附中　黄桂兰

内容主旨

由斯特拉斯堡的历史归属变化,管窥德法两国关系的历史图谱,理解时代变迁和历史文化的碰撞与互动是两国关系从敌对走向和解的主要因素。

教学目标

1. 掌握德法关系的基本脉络,知道数百年间德法成为"宿敌"的基本史实,探寻德法和解的主要因素。

2. 搜集史料，分析探究德法和解的原因，培养"史料实证"、"历史解释"素养，提升跨文化理解能力。

3. 感受德法两国关系变迁留给城市的深刻印记，体悟"以和解替代战争，以合作获得共同发展"，对德法、欧洲乃至世界和平的重大意义。

重点难点

重点：德法关系变迁的基本史实

难点：探寻德法走向和解的主要因素

教学过程

环节 1：导入。 以一战结束 100 周年纪念活动，引出斯特拉斯堡，导入课题。

设计意图：以社会热点追溯历史入手，拉近历史与现实之间的距离，激发学生管中窥豹地探究斯特拉斯堡城市历史特殊性的兴趣。

环节 2：交融纷争。 通过对斯特拉斯堡地理位置、地形特征、语言分布、建筑风格等的分析，梳理 800 年至 1618 年的德法关系，从中认识到斯特拉斯堡多元文化交融，并作为欧洲经济文化重镇等历史特征。

设计意图：引导学生掌握了解认识一座城市及其历史的基本路径，并为后续教学环节中的问题解释做好铺垫。

环节 3："仇怨宿敌"。 结合已学知识并适当拓展，梳理 1618 年至 1945 年的德法关系，由斯特拉斯堡这座城市轮番易手的悲惨命运，探寻历史文化与时代变迁在审视德法关系时的地位与作用。其间，引导学生文史结合，对都德的小说《最后一课》作历史分析，揭示作者的历史认识对于认识文学艺术作品证史价值的意义。

设计意图：以城市为载体，走进城市，透过城市历史归属的回溯，感受德法两国之间数百年血腥轮回所带来的历史创痛。通过对《最后一课》的再认识，培养学生唯物史观指导下的史料实证意识。

环节 4： **和解合作**。 了解德法和解、合作带来斯特拉斯堡的重生。由学生运用课前搜集的德法走向和解的文献、口述史料，讨论分析两国和解的主要因素。

设计意图：学生通过搜集史料，了解历史探究的基本方法，培养"史料实证"、"历史解释"素养，提升跨文化理解能力。理解两国和解合作带来城市、地区、国家、地域的祥和共生局面。

环节 5： **危机挑战**。 通过展示近年来欧盟面临的危机等一组图片史料，并以一战结束 100 周年纪念活动中，马克龙在凡尔登阅兵时接受采访说的一段内容，以及特朗普针对性的回应，引导学生认识德法两国关系未来所面临的新问题、新挑战。

设计意图：首尾呼应；培养学生关注现实的意识，引导学生从历史中汲取智慧，提升认识现实问题的能力。

作业设计

以"德法关系的未来展望与思考"为题，借助时代变迁和历史文化的视角，撰写一篇 400 字左右的小论文。

教学实录

师： 今天历史教学届大咖云集，让我们用热烈的掌声欢迎校内外的专家和老师们莅临指导！

大家看到黑板上这个数字，1918，1918 年的 11 月 11 日，一战正式结束，今年是 2018 年，对吧？整整过去了 100 年，我们知道，一战的主战场是在欧洲，所以欧洲许多国家都举行了一战的纪念活动，大家有没有看出来这张照片是哪个国家的？ 看得出来吗？

生： （迟疑了一会儿，德语班的学生小声嘀咕着）科隆大教堂。

师： 很好，就是科隆大教堂。是德国的对吧？那么大家知道欧洲的主战场是在哪个国家吗？

生： 法国。

师： 对的,所以法国从 11 月 4 日开始举行了为期一周的纪念活动,其中第 1 站是在斯特拉斯堡大教堂,黑板上这些就是当天活动的照片。这几个人大家知道是谁吗？两国的领导人,对,这是法国的总统马克龙,这边左边的这个是德国的总统施泰因迈尔。法国和德国的两位总统以及他们的夫人盛装出席了当天的音乐会演,这里我就想问一下哦,就是为什么法国的首站会选在斯特拉斯堡？

生： 法德边界。

师： 因为这座城市很特殊,为什么特殊？我们来看一下哦,当天在德国媒体的报道当中,斯特拉斯堡大教堂的主教,他有这样的一段发言,我想呢,请我们德语班的班长贺同学来读一下吧。

Der Erzbischof von Strassburg, Luc Ravel, sagte, das Konzert mit den beiden Staatschefs in dem Gotteshaus habe eine «sehr bedeutende Symbolkraft». Der Geistliche fügte hinzu: «Diese Kathedrale ist das Epizentrum von allem, was sich im Elsass im Guten wie im Schlechten zugetragen hat.» Die Region wurde lange zwischen Deutschland und Frankreich hin- und hergerissen und ist inzwischen Symbol für die Aussöhnung der früheren «Erbfeinde». [①]

生： （朗读略）

师： 你能不能帮我们翻译一下讲的什么？

生（贺同学）： 斯特拉斯堡的主教 Luc Ravel 说,(德法)两国元首在教堂参加的音乐会具有"重要的象征意义",他补充道:"这个教堂见证了阿尔萨斯的一切起起落落。"这个地区历史上在德国和法国之间是频繁地易手的,然后到现在也成为了两个国家,被称为世仇的两个国家,最终达成和解的一个重要的象征。

师： 很好,谢谢,所以呢,我们今天就走进这座特殊的城市——斯特拉斯堡,一起来回顾千年的历史,学习历史文化与时代变迁下德法关系的嬗

---

① Frankreich-Deutschland Weltkriegsende：Macron und Steinmeier bei Konzert in Strassburg [EB/OL]. (2018 - 05 - 11)[2019 - 08 - 16]. https://www. blick. ch/news/ausland/frankreich-deutschland-weltkriegsende-macron-und-steinmeier-bei-konzert-in-strassburg-id9069532. html.

变。 我想问问大家，斯特拉斯堡，如果仅仅从名字上判断，你会觉得它是德国的还是法国的？

生： 德国的。

师： 嗯，这个名字其实是德语的音译，是从德语翻译过来的。那么我们来了解一下这座城市的地理位置，我们看一下这个斯特拉斯堡，它是位于法德边界，是今天法国的阿尔萨斯的首府，对吧？旁边就是洛林，我想大家可能并不陌生，斯特拉斯堡它位于莱茵河畔，是重要的港口，也是今天欧洲的一个交通枢纽地带。我们再来看一下这座城市周围的一个地形，北面是莱茵河直通低地三国，南面是山地高原，属于瑞士这块地方，然后东边是德国，西边是法国，处于这样的一个交通枢纽。所以无论是对法国还是德国来讲，如果控制了斯特拉斯堡，实际上就可以控制莱茵河和这个山地的两条重要的军事防线。我想大家可能比较熟悉的法国，在这个南部山地就建立了一条非常有名的防线，知道是什么吗？

生： 马其诺防线。

师： 对的。所以斯特拉斯堡成为两国军事上必争之地。我们再走到这个城市，每一个游客都会被当地的这个城市建筑这种多元而精致的风格所吸引。大家一眼看到的这个教堂就是属于典型的欧洲什么风格？你们知道吧，这是欧洲典型的哥特式建筑风格，这是源于法国的，而我们看到的右手边的黑白格子，这个木结构的房子，实际上它是源于德国的，现在在德国很多乡村都有，但是呢，在斯特拉斯堡这种房子也很普遍，所以当地的建筑它融合了法德两个国家的特征，其实这里的人，这里的居民也融合了两个国家的特征，我们来看一下，这个世界上鼎鼎大名的人是谁，认识吧？

生：（几个同学不约而同地叫道）温格。

师： 温格，对吧？我们喜欢足球的同学马上讲出来他是温格。他是阿森纳的教父，但是有一次上海的一个非常有名的体育评论员，曾经把他的名字叫成了旺热，为什么会有两种不同的名字叫法呢？王同学，你来说一下。

生（王同学）： 那有可能就是根据刚刚黄老师说的,可能是一个德文一个法文。

师： 你是学法语的,你觉得哪一个是法语的名字?

生（王同学）： 旺热。

师： 好的,那么刚才我们很多同学随口叫出来的是温格对吧? 那么到底应该叫哪一个? 我们肯定觉得谁最有发言权呢?

生： 当然是他自己咯。

师： 他自己说自己是德国人的后代,所以他更认可的是温格,所以这个名字,我们大家更加熟悉,对吧? 像温格这种情况并不是特例啊,为什么? 我们来看一下这个地方的语言分布,大家看到这张图,其实原来这块地方都是德语区,对吧? 我们再看整个阿尔萨斯和洛林,其实我们看到的东边以及东北面这块地方,其实原来也都是德语区。只有西部橘黄色的这一小块,是原来的法语区,所以这里其实绝大部分人有可能原来的母语是德语或者说是德裔,对不对? 因此呢,我们现在呢,走进斯特拉斯堡这座城市啊,也到处能够看到德语命名的车站的站牌,因此呢,很多游客来到这座城市,会觉得这是一座很德国的法国城市。嗯,著名的历史学家,法国的年鉴派代表布罗代尔,他曾经说过:无论它大小,它的本质特征是由它的地理位置决定的。所以我们看右边这张图,斯特拉斯堡处于地缘交集,因此它融合了两国文化特征,形成了一种多元文化交融之地,因此,在这里我们看到的主要的因素是它的一个地缘,因为地缘它成为一个军事重镇,同时又成为一个文化交融的地方。嗯,我想啊,一个地区它的一个多元文化的交融的特征,可能还有更深层次的历史原因。这座城市它的初步形成的历史,最早是可以追溯到古罗马时期,那么我想问一下大家,德国和法国的历史最早可以追溯到什么时候? 想想看。

生： 法兰克王国。

师： 很好。1 200 年前的法兰克王国,所以这两个国家其实都把查理大帝作为自己的国父,但是后来不久,查理大帝的三个孙子,在 843 年的时候,因为矛盾和分歧,把法兰克王国一分为三了,签订了《凡尔登条约》,

大家看到黑板上的图，从西往东分别是西法兰克王国、中法兰克王国和东法兰克王国，也就是有了今天法、意、德的雏形，请大家仔细看这张图，斯特拉斯堡这个时候属于哪个国家？

生： 中法兰克王国。

师： 也就是说它既不是法国的，也不是德国的，而是当时意大利的，对不对？下面我们再看，到了 10 世纪末 11 世纪初的时候，大家看到黑板上的这张地图，我们发现三个国家的边界有了很大的变化，其中，中法兰克王国已经缩到了南部的这个亚平宁半岛上的一小块，它北面的领土全部都被法国和德国给瓜分掉了，而且绝大部分是在德意志地区，我们注意看这张图上的时间，这个时候的德国其实是处于第一帝国统治时期，也是历史上的什么帝国？

生： 神圣罗马帝国。

师： 对的，神圣罗马帝国初期强势时期。而 923 年斯特拉斯堡就归属到德意志地区，这个时候的德意志神圣罗马帝国还没有建立。之后我们发现，这个神圣罗马帝国建立之后，它不断地在向西扩张，我们看到法国的版图其实很小，你看，这个两国交界地带，除了阿尔萨斯和洛林，它们归属于德意志，其实连凡尔登，甚至里昂，他当时都属于德意志，所以这个时候的神圣罗马帝国还是很强大的，但是我们同学也知道，神圣罗马帝国并不是一个中央集权的国家，是吧？

我们看到的黑板上，它是邦国林立，反映了典型的中世纪欧洲的政治特征，所以这个时候是处于一个封建割据时代，因此，不管是相对统一的法兰西王国，还是这个邦国林立的德意志帝国，实际上这个时候有没有民族国家的概念呢？没有，对吧？可能他们更多的人认可的是我生活的这块地区，我是巴黎人，我是伦巴第人，是不是？所以没有民族国家对吧？好，因此没有民族国家，那么它们各地区之间的边界是不清的，这也客观上有利于各地区的交融与互动，所以这个时候呢，各地区的交流互动非常频繁，所以法德的边界不清，这个时候有可能会发生局部的，为了边界领土而进行的一个纷争。

同学们注意，在法德相对交融互动的这样的一个长时间段，它是在神圣罗马帝国的统治之下，迎来了一个发展的契机。我们看到的这张图反映的是 15 世纪末，斯特拉斯堡的一张城市地图，从这张图上我们看到这座城市也基本上成形了，而且最醒目的是哪一个建筑啊？教堂，这个斯特拉斯堡大教堂，建了 300 年，直到 15 世纪才建成，高度是 142 米，是当时欧洲也是世界上最高的建筑，这个纪录保持了 400 年左右，直到哪一个教堂的出现才打破它的纪录呢？就是我们第 1 张图片看到的，科隆大教堂，所以从这张图片也反映了这个城市当时是非常地繁华。就是因为它是地缘的交集，欧洲的多国的一个中心枢纽，还有它是莱茵河重要的港口城市，所以它很快发展成为欧洲的商贸中心。

　　我们在学中世纪的历史的时候，大家应该还记得，中世纪后期，出现了城市自治运动，对吧？斯特拉斯堡因为处于神圣罗马帝国的西部边陲，所以它也获得了自由城市的地位。斯特拉斯堡的经济繁荣也推动了文化的昌盛。我们来到斯特拉斯堡广场，会看到古腾堡的雕像，大家知道古腾堡是什么人？

生： 活字印刷。

师： 活字印刷术之父，对不对？是的，他就是欧洲的活字印刷术之父，他当时的印刷厂就建在斯特拉斯堡，所以斯特拉斯堡是欧洲的印刷中心。大家看一下他生活的年代，14、15 世纪，当时欧洲正在兴起一场什么思想解放运动？

生： 文艺复兴。

师： 文艺复兴倡导的是什么思想？

生： 人文主义。

师： 所以说这块地方成为印刷中心，其实也推动了人文主义思想的传播，我不知道大家听说过古腾堡圣经吗？古腾堡圣经的印刷，打破了教会垄断《圣经》的局面，也就是一般的教徒都能买得起《圣经》，通过自己阅读《圣经》，直接和上帝对话，这又推动了后来的什么运动？

生： 宗教改革。

师： 很好！那么宗教改革的发源地在哪里？

生： 德国。

师： 德国对吧？斯特拉斯堡大学就是当时路德教派建立的一所新教的大学,而且整个斯特拉斯堡地区就是新教的阵地。所以这是我们了解的一个大致的情况。那么,也就是说,从 9 世纪中期开始到 16 世纪中叶,因为德法相对来说,还处于一个交融的时期,所以斯特拉斯堡迎来了一个比较大的发展阶段。而且,因为它是一座自由城市,对吧？又是印刷中心,又是新教的阵地,所以当时欧洲的人文主义思想家,包括一些信仰新教的人其实都汇聚到了斯特拉斯堡,所以使这个地方成为了一个人文主义的学术中心。

但是我们同学呢,可能也知道,就是后来德国在路德教派的影响下,有相当一部分邦国信仰新教,结果呢,就导致德国内部的新旧之间的矛盾与冲突,引发了德国的内战,而后来法国,还有瑞典以及英国等趁虚而入,加入到了这场战争,使本来这场德国的内战演变成了欧洲的三十年战争。我们来看一下,从 1618 到 1648,三十年战争,以《威斯特伐利亚和约》的签订宣告结束。根据这个条约,当时法国渔翁得利,夺取了德国西部大片的领土,包括阿尔萨斯和洛林的绝大部分地区,但是,斯特拉斯堡是除外的,为什么呢？因为我们刚才讲了斯特拉斯堡市,这个神圣罗马帝国的一座什么城市啊？自由城市。所以在战争的时候它是宣布中立的,知道吧,但是 1681 年这个法国的太阳王路易十四还是占领了这块地方,因为它是重要的军事重镇,文化交融的文化重镇,对吧？又是经济、交通的重镇,所以拿下了这块地方。从这个时候开始,斯特拉斯堡第一次归属了法国。

根据三十年战争后欧洲建立的"威斯特伐利亚体系",这个体系确立的是民族国家主权至上的原则,所以自此之后,欧洲国家之间为了自己民族国家的利益进行了更多残酷的战争,那么法德之间在这个事件之后发生了哪几次大的战争？大家回忆一下。蒋同学,你来说说看。

生（蒋同学）： 拿破仑征服欧洲,然后再往后就是普法战争,然后是一战、二战。

师： 很好，我们刚才提到的这些战争，在两国交界的斯特拉斯堡都留下了深刻的历史印记，因为这些战争的历史大家已经学过了，是吧？那么这里就不多介绍了，我想再跟大家强调几个细节。同学们看一下，这个就是刚才同学提到的拿破仑时代，其实就是法国大革命时期，法国大革命时期诞生了法国的国歌——《马赛曲》，这个大家都很熟悉，但是我们可能不知道，这首曲子其实应该叫《斯特拉斯堡曲》，因为它是诞生在斯特拉斯堡的，后来呢，因为马赛义勇军的传唱而得名。大家知道法国巴黎人们当时是高唱这首曲子打退了普奥联军的干涉。后来到了拿破仑时代，拿破仑的对外战争几乎是横扫欧洲大陆，也使得当时德意志神圣罗马帝国土崩瓦解，并且拿破仑进一步入侵德意志帝国东北部的普鲁士邦国，进入到柏林。大家看到黑板上这一张油画，这里是柏林的一个标志性的建筑，知道是什么地方吗？

生： 勃兰登堡门。

师： 对的，拿破仑的入侵使普鲁士战败投降，割了一半的土地给法国，后来拿破仑甚至还命令把勃兰登堡门上的四马战车和和平女神拆了下来作为战利品运回到了巴黎，你们知道他准备装到什么上面去吗？

生： 凯旋门。

师： 就是巴黎的凯旋门！但是还没来得及安装，他就遇到了滑铁卢的惨败，所以在拿破仑战败之后，欧洲又建立了一个新的秩序，就是之前大家看到的"维也纳体系"，这个"维也纳体系"是维护欧洲封建专制统治的。那么拿破仑对德意志的入侵，同学们可想而知，当然是使得德意志人，尤其是普鲁士人，埋下了复仇的种子。不过，他的入侵同时也唤醒了德意志人渴望统一的一种愿望，就像那个当时的亲历者啊，德国著名的诗人席勒，还有德国的大文豪歌德，当时都发出了相同的或者说类似的沉痛的感叹：德意志，它在哪里？所以我们说拿破仑的这个对外战争或者说对普鲁士的入侵，客观上还推动了德意志的统一。刚才同学们提到的这个普法战争，它就是德意志统一进程当中的最后一次王朝战争。

大家看到黑板，普法战争的主战场是在斯特拉斯堡，因为斯特拉斯堡是一个军事重镇，是法德之间通往彼此国境的一个最快捷的、重要的通道。 当时的斯特拉斯堡就处于战火之中，成为一片废墟。 这场战争，法国战败，割地赔款，阿尔萨斯、洛林和斯特拉斯堡，割让给了德国，我们同学应该在初中学过一篇课文，写的就是关于这场战争，对吧？ 什么课文啊？

生： 《最后一课》。

师： 对的,《最后一课》。它是民国初年 1912 年翻译到中国,并开始纳入到中国语文教材,100 多年来一直在这个语文教科书里面,所以我们这里在座的所有的老师应该都学过这篇课文,到现在我大致地还记得韩麦尔先生的讲话,当时文章中是这么写的:"柏林已经传来命令了,明天开始,只准教德语,今天是最后一堂法语课。"当时的我,是这么想的:我认为阿尔萨斯、洛林一直是法国的领土,现在割让给了德国,他们的母语——世界上最美的语言——法语,再也不能说了。所以就对作者流露出的,那种悲怆和无奈,深表同情,也感受到了作者那种深厚的爱国情感。我不知道我们同学通过我之前的一个历史回顾,你们觉得,我当时的想法,有没有什么不妥当的地方? 或者你们有没有什么新的不同的想法?

生（贺同学）： 这个地区母语本来是以德语为主,应该说它的文化是交融的,并不会因为它在德国和法国之间反反复复易处而流露出那么强烈的一种爱国情怀,而且最开始,德国对阿尔萨斯这个地区的统治时间是非常长的,并没有这种,一直以来都是法国的领土这种说法。

师： 好的,也就是说,你刚才纠正了我两个问题,一个就是这块地方,应该不是一直是法国的领土,第二个你觉得这个地方的人的母语,应该也不一定全都是法语,是吧? 所以你刚才好像还表达了可能这个作者在这个作品里面带有代表自己的一种主观的一种情感,抒发自己的爱国情感,是吧? 还有其他的不同的看法吗?

生（盛同学）： 嗯,我觉得这个作者他有可能带有一种引导性,他希望这个地区的人民站起来反对那些当时入侵法国的人,所以呢,他需要以这么一个契机去写这么一篇文章来唤起人们的这种心理,而不是事实是这样的,而且事实是出于他的某种目的,所以他是这么描绘的而已。

师： 你就觉得他是带着一种主观的目的,故意这样去渲染的,是吧? 其他的还有同学补充吗？

生（熊同学）：对于他这个作者不住在那块地方,他可能觉得本来是我们法国的东西就割给了德国,他是感觉若有所失才写这篇文章,但是对当地人来说,正如前面同学所讲的,并不一定感受有那么强烈,因为它毕竟一直在德法之间交换。

师：很好！也就是说这篇文学作品都德的《最后一课》,我曾经的一个想法,可能有一些是对这个文学作品产生的一个误读,是吧？第一个,这个地方不是一直是法国的,还有这个地方的人的母语,并不一定全是法语,可能很多人讲的还是德语,或许,这个作者带有的是一种主观的愿望,或者也是代表当时一部分法国人的一种情感,是不是？因此我们单纯地从一篇文学作品去了解它背后的这段历史,你们觉得是不是客观或者说是真实的呢？刚才同学们都表达了,所以文学作品,可能还带有很大的夸张成分,我们还得借助其他的史料才能够客观地、准确地认识这段历史,对不对？

战争之后,德意志完成了统一,我们知道,当年1871年的时候,德意志第二帝国,它是在凡尔赛宫宣布成立的,这是不是当时俾斯麦或者他们德国故意安排的,是不是啊？是对法国的一种羞辱其实也是对曾经的什么战争带给他们的耻辱的一种复仇啊？

生：拿破仑的入侵。

师：对的,对拿破仑战争的一种复仇,我们再看到右边,还是凡尔赛宫,还是1月18号,这是一战后的巴黎和会,在这个会上,当时法国的总统,外号叫作"老虎"的这个克列孟梭,他是这么说的："48年前的今天,德意志帝国出生在这里,因为他生于不义,自当死于耻辱。"所以,在巴黎和会上,当时法国提出了种种宰割德国的苛刻的要求,后来,就形成了一战之后的"凡尔赛体系"。这样的一种羞辱复仇,其实在两国之间还在继续。大家是不是看到福煦车厢也很熟悉？一战德国战败,签订停战协定的地方——贡比涅森林,对吧？二战当中法国战败投降签订停战协定,可是,这个时候的希特勒,他当时是怎么做的？他把已经放在了博物馆的福煦车厢,搬到了1918年签约的这个地点,然后自己坐到了福煦当年的那个椅子上，是不是两国之间在不断重复地上演冤冤相报、历史轮回啊？那么这样的一种两国战争的局面或者两国不断的冤冤相报带给两国之间的斯特拉斯堡这座城市的，会是什么呢？我们再看，二战中德军在法国投降之后就占据了斯特拉斯堡，立即就把当地最奢华也是欧洲最大的犹太会堂夷为了平地，之后在二战后期美英盟军的反攻，又使这座城市变成了一片废墟，直到二战结束之后，这座城市又回到了法国。

我们来梳理一下斯特拉斯堡的历史，在法德形成之后，我们发现1681年之前，它好像还比较稳定，稳定在德国是吧？但是这之后，1681—1945，短短的不到300年间，斯特拉斯堡在两国之间几次易手了？5次易手。那么，这个斯特拉斯堡当地的人的国籍也变了5次，而且按照当时的要求啊，法国占领之后，当地老百姓要挂法国的国旗，要挂法国领导人——总统的相框，而德国占领之后呢，要挂德国的国旗，然后要挂德国皇帝的相框，你知道当地老百姓后来干脆怎么办啊？

生： （学生们开玩笑地说）都挂上去。

师： 干脆家里准备两面国旗，特意做的是双面相框，一面是法国的一面是德国的，所以斯特拉斯堡人就像无根的浮萍在两国之间游离，他们这种悲剧的命运是怎么产生的呢？我们说，时代变迁下法德关系的一个缩影。大家看到黑板，从三十年战争到二战，这当中经历了威斯特伐利亚体系到雅尔塔体系，从欧洲国际格局到世界格局的演变，而这短短的300年当中，法德之间已经成为了"宿敌"，也使这座城市成为了悲情离乱之地。所以我们说，从17世纪后，两国之间是"宿敌"的关系，城市也就成为了一个离乱之地。

我们说，一个地区的地理位置是无法改变的，这两国之间的仇怨也已经形成了，难道这个悲剧还要继续上演吗？还是前面我们提到的史学大师布罗代尔，他说："历史的创造者不是地理区域，而是人，是主宰和发现这些地理区域的人。"所以，二战之后，法德的人民，其实都进行了深刻的反思，最有代表性的是谁呢？舒曼。因为他有着切肤之痛，舒曼他是洛林人，大家看一下他生活的年代，出生的时候是1886年，舒曼是属于哪个国家的？

生（曹同学）：　德国。

师：　为什么？你怎么判断出来他是德国的？

生（曹同学）：　这个年代是普法战争以后不久。

师：　对的，所以出生的时候是德国，后来一战的时候还参加的是德军对法国的作战，一战之后他又变成了法国人，二战法国战败他还被德国给逮捕了，二战结束之后法国解放，他又回到法国。所以大家都称他为"国界线上的人"，一个家乡，但是他有两个祖国。所以，二战后他就痛苦地感到，必须要结束两国的仇怨。二战之后他担任的是法国外长，1950年他来到了西德的城市波恩进行演讲，熊同学，请你帮我读一下好吗？

生（熊同学）：　（朗读）"人们将会承认，我们曾经在莱茵河畔，在我们德国和法国的莱茵河畔，哪怕具有一切民族界限而仍然构成一个整体的莱茵河畔，试图作过一项重要的事业。我相信，这一事业必将取得成功！"

师：　你觉得，他想做的这个重要的事业是什么？

生（熊同学）：　就是解决两个国家之间的冲突。

师：　你从字里行间看得出他怎么解决两个国家之间的冲突？

生（熊同学）：　将这个莱茵河畔作为这两个国家的纽带。

师：　它们就隔了一个莱茵河是吧？但是他觉得这个莱茵河的这种地理界限其实是可以打破的，构成一个整体的莱茵河畔，实际上他是想要促成两国的？

生（熊同学）：　和解。

师：　对的，1951年舒曼就提出了这个舒曼计划，也就促成了后来的煤钢共同体的形成，也实现了法德和解的第一步，但是法德两国之间的全面和解的总设计师还是当时两个国家的领导人，一个是法国的总统戴高乐，一个是当时西德的总理阿登纳，他们两个在二战之后，审时度势，最终在1963年签订了《德法友好条约》，也叫《爱丽舍条约》，标志着两国全面和解，舒曼也在他弥留之际看到了这一天。

所以从此之后两国冰释前嫌，化敌为友。下面我想呢，请大家来讨论一下：为什么德法之间数百年的血腥历史轮回，在二战之后会急刹车，走向和解和合作？在课前我请你们去搜集了资料，特别是我们法语和德语班的同学，我希望你们是从他们的语言的文献当中去搜集一些史料，去了解到底为什么会促成它们走向和解。

生（盛同学）：我看了两本法国人写的材料，一个是《阿登纳与法德和解》，还有一个是二战后《德法和解的原因浅析》，那么我得出以下几个结论，一个是二战之后冷战大背景促进了法德友好，这个时候的欧洲是两个超级大国威胁下力图自保的欧洲，他们需要维护自身的利益和地位，那么这个时候戴高乐提出了一个叫作欧洲人意识的东西，这个意思就是要建立一个以欧洲人为中心的欧洲，那么他们可以法德和解，然后一起对抗美国的影响力，同时我们知道德国在法国的东边，这个时候它们需要抵御另外一个超级大国也就是苏联，就是西德挡住了法国东边的苏联，那么它们之间的和解就更有可能促成，这是政治因素。然后同时美国是法德和解的直接和间接推动者之一，你想美国在二战之后提出了马歇尔计划，希望欧洲复兴，然后欧洲一体化，那么美国的对外政策是支持法德和解的，而且法德两国自己的战后政策，比如说德国，它的战后赔款做得都非常好，它对历史的认识态度做得非常好，它的道歉态度非常诚恳，能够得到法国人民的谅解，同时法国人也在反思之前的错误，那么这样对和解就有一个更加促成的因素，然后我们要注意到这个时候还有一个经济因素，就是在二战之后这两个国家经济衰弱都非常严重，它们不得不联合。用我们法语班的话来说，就是两个穷人得搭伙过日子吧。就是它们联合起来对经济复苏有利，就是一个国家，光靠自己的力量是无法从一个被摧毁、被毁坏的地步，重新恢复战前的那种状态的，所以它们必须要联合，而且德法联合是德国复兴的必经之路，因为它二战之后需要回归主权，它需要重回这种世界地位，它们需要继续回到这个世界序列之中，所以德国人肯定是愿意和解的，而法国人他们就是一直很想重返大国系列，就是一直很想掌握世界的话语权。我们也知道戴高乐主义在法国的影响是非常大的，所以法国肯定是支持欧洲一体化，建立一个强大的欧洲，而且法德两国也有非常杰出的战后领导人，就除了刚才说的舒曼以外，还有法国的戴高乐和德国的阿登纳，他们是合作非常完美的领导人，对于和解的推动力也是非常大的，那么我们需要注意到之前说的法国和德国它们其实有相近的文化背景和历史人文，它们都是从法兰克王国出来的，它们也有相似的基督教的背景，它们的哲学文学和艺术都是相同的，所以这对促进法德和解和欧洲一体化也有一定的帮助，它们有一定的历史基础，而且前面提到的舒曼计划，然后这个《德法友好条约》之类的，就促进了法德的进一步合作，长久的和平的保证。那么我们可以总结一下。

师： 好的，你总结一下，等一下你刚才讲了那么多，看样子盛心悦同学也是课前做了充分的准备，好像可以作为一个德法走向和解的演讲，我觉得好像讲了很多信息，你现在大致地告诉我，你讲了哪几个观点？

生（盛同学）： 第一个是永恒的利益，主要是经济利益，第二个是冷战的大背景，就是政治因素。

师： 好的，冷战的这个大背景导致了欧洲的复兴。

生（盛同学）： 还有外因是美国的"马歇尔计划"导致欧洲的复兴。

师： 美国的"马歇尔计划"导致欧洲的复兴也促成了两个国家的和解是吧？

生（盛同学）： 还有法德两国的战后政策和它们的领导人。

师： 你觉得还有两国领导人的智慧啰？是这个意思吧？

生（盛同学）： 还有就是它们的历史人文背景。

师： 哦，你觉得它们的历史人文上有更多的相似之处。很好！有没有其他同学补充说？

生（俞同学）： 刚才的同学主要讲的是法国那一部分以及关于为了阻止美苏争夺霸权的内容，那我想补充一下，作为德语班同学，我看了一下网上阿登纳总统的一个讲话，是在签订《爱丽舍条约》之前，他讲话大意是：如果我们不能成功实施欧洲的联合，德国将前途未卜，因为德国民粹主义的潜在危害远超过人们的认知，欧洲政治危机使得民粹主义分子猖狂起来，他们正在重建自信，重获支持。那么我认为除了刚才提到一是对于美苏，二是对于政治经济一致利害，那么康拉德·阿登纳他另一个方面是想要借助这个法德和解去遏制德国境内尚未彻底平息的民族主义势力，因为在战后可以说正是因为这个纳粹党的领导，所以二战的走向会是我们现在看到的样子，所以在战后德国想要跟法国和解，想要跟欧洲和解，那么它就必须要去消除纳粹势力，这是它国内的因素。

师： 因为本身阿登纳其实是一个反纳粹的是吧，所以在二战之后呢，他是坚决要惩治纳粹战犯或者铲除纳粹的势力对不对？所以要对这个德国人进行反战教育，所以这个可能也是他的一个目的和想法是吧？很好啊。

生（刘同学）： 我看的是英文资料，因为我既不是法语班的，也不是德语班的。我觉得二战后最主要的一个问题就是铁幕，然后，欧洲的首要任务，也是美国的首要任务，就是防止更多的国家赤化，联邦德国被顶在了反苏的第一线。

师： 反苏的前沿。

生（刘同学）： 反对苏联的前沿，它每天都要与民主德国和苏联进行对抗，那么，法、英、美三国的首要任务就是，让联邦德国挺住，不让它被消耗殆尽，那么这个很典型的一个案例就是柏林空运行动，我们看到法国也是很积极地参与，虽然法国那个时候，实力也不佳，但是也是其中的一分子，就是积极支援了西柏林当时的状况，来使联邦德国维持下去。可以说联邦德国是整个西方世界养育起来的一个桥头堡，所以法德的联合对此是非常重要的政治目的。

师： 桥头堡？你觉得是当时美苏的冷战，然后有必要要把这个西德——联邦德国武装得更加强大，才能够对抗苏联是吧？所以这些西方国家其实都是支持的，这个可能也是有利因素。还有其他同学补充吗？

生（任同学）： 我看的是麦克尼尔写的《世界史》，我就从世界格局这个角度来讲讲，我所看到的就是说在二战以后，随着联合国的建立，第三世界的建立，首先它们这些国家形成一个集团，在联合国里是一个很大的利益集团，随着德法殖民体系的崩溃，这时候就需要德国法国共同联合起来，以在联合国里代表二战以后的资本主义国家，它们就要形成一个联盟来代表它们，所以我觉得这是一个逐渐世界化而形成的必然的一个结果，是战略上的一个策略。

生（王同学）： 网上查阅了法语的文献资料，并询问了法语外教。外教认为，法德关系走向和解是必然的。我认为，大国之间的积怨在利益面前本就是无稽之谈。领导层面对着的是不断变化着的国际形势，更何况现在美国独占鳌头，发展中的国家虎视眈眈。法德等老牌资本主义国家必须放下偏见"抱团取暖"。

生（贺同学）： 我大概是希望从冷战的一个大背景和两德关系，就是冷战的一个缩影，这么一个小格局两个方面来尝试解决这个问题，然后为此呢我就看了阿登纳时期两项非常重要的条约原文，应该是我们刚才提到的《爱丽舍条约》，还有一个是我们之后，嗯，就是在两德统一当中会非常具有重要作用的叫作《两国关系的基础条约》，然后《爱丽舍条约》的话，我看到里面有非常着重的强调，就是两国无论在政治经济，科技乃至军事方面，在条约里都会有规定，说会在北约的层面，以北约为媒介来加深合作，这当然就是一是西方资本主义世界这个阵营，它一个共同的利益的追求，还有一个就是美国从中调停也是做了非常大的贡献的，然后第二的话，我觉得就是它推动法德关系和解一个很重要的原因就是德国自己内部也有对于民族统一的一个强烈的愿望，然后法国的话，它是历史事实证明它是先于英美来对德国进行让步，因为它们的文化也比较相近，德国把法国争取到自己这边，通过自己非常诚恳的态度争取到了法国的和解和最后的支持，对于它自己本身的民族统一，是有非常重要的作用，比如说最后在 1989 年和 1990 年的时候，德国两德关系实际上已经是走到了统一的边缘，但是美英当时不肯让步，只有法国和德国，也有德国领导人自己的智慧，只有法国它支持德国走向 2 + 4 计划，就是由两德先自己商议统一的事情，然后再和 4 个占领势力就是美、英、法、苏这 4 个国家共同商讨，这对于这个两德在最后能够实现和平统一是非常重要的。

师： 谢谢！学德语的好像对德国的文化背景了解得很多是吧，好了，因为时间关系，我们就不再讨论下去了啊。刚才呢，我们同学其实提到了两国走向和解，一个是永恒的利益促使，第二个大家都谈到冷战大背景下西方阵营对联邦德国的支持，也希望它们能够走向和解，对吧？我们同学还谈到了人文啊什么的对吧？大家都有各自的想法，实际上我们可能从我之前历史的回顾当中其实看到了，历经 300 多年的血腥战争之后，其实两国也是备受战争之痛的，是不是啊？战争的严重的创伤也导致两国的和解，对吧？

嗯。应该说两国和解之后，两国开始了一些深度的合作，你看两国领导人的一个亲密合作，然后呢，刚才前面我提到的煤钢共同体到现在的法德混合旅，所以是他们从经济到军事的合作，甚至两国还在 2006 年的时候合编了历史教材，而且两国和解之后，法德成为了欧洲联合的轴心和发动机，推动了欧洲的一体化进程，这个我们大家现在都能够感受到，那么斯特拉斯堡呢，它作为一个地缘交集的城市，它的地理位置的优势又重新凸显出来，而且它又有着法德两国文化的特征，所以，斯特拉斯堡就成为了欧洲众多机构的总部所在地，因此今天的斯特拉斯堡又成为和解的欧洲之都，所以，两国的和解合作使斯特拉斯堡获得了重生，成为祥和共生之地。这就是二战后，它们的一个变化，法德关系的合作，对吧？

我们来总结一下：从这里我们可以看到，其实从两国的雏形形成，两国的关系经历了交融合作，对吧，那么这两个国家的关系其实是时代变迁下，也是历史文化的影响之下的一个产物，而法德关系直接影响到了这座城市的命运，对吧？这座城市的命运就是两国关系的一个极大的缩影，嗯，两国的合作走过了 50 多年对吧？但是近年来它们也碰到了一些新的问题和挑战，我们来看一下。黑板上的左下角这张图反映的是什么问题？

生：英国脱欧。

师：脱欧，好的，然后它的对角线上，是什么问题？

生：难民危机。

师：很好，那么再看这里的左上角是什么问题？

生：欧债危机，笨猪四国。

师：对的，右下角呢？这个意大利出了什么问题？

生：意大利债务危机，退出欧元区。

师：啊，对的，刚刚有同学说退出欧元区，意大利因为有财政危机，希望通过退出欧元区来缓解自己的一些财政问题，所以这些都是它们碰到的，现在的欧洲的一些主要的问题，但是这些问题出现之后，法德它们希望继续携手前行。 我们再回到一战的纪念活动，我们来看一下，凡尔登，一战的绞肉机战役，在这次纪念活动上，马克龙阅兵并且接受了采访，我们法语班同学看一下，采访他的这个主题，这句话是什么意思啊？

（引导学生解读法语和英文报道）他就是采访的时候发表了一个言论，他是说，要建立一支真正的欧洲军队，为什么？ 因为要自卫，不能够光依靠美国，你们知道美国总统特朗普看了这个报道以后会有什么反应啊？

生：（不约而同地说）发推特。

师：啊，猜对了！确实特朗普连发了 5 条推特直指马克龙这个采访。（学生们哄堂大笑）他说，你马克龙还要建立军队干嘛干嘛，对吧？你知道吧，一战二战是德国占领了法国，在我们美军没有到来之前，巴黎人已经在干什么了？你们已经开始学德语了，对吧？这是对法国对马克龙的一种嘲讽，实际上也是在分化德法，对不对？所以我们说现在的法国和德国其实面临着自己内部的，甚至还有外部的一些新的问题，新的挑战，两个国家未来的关系将何去何从？斯特拉斯堡是否会规避曾经的历史风险？我想可能需要更多的，两国领导人或者政治家他们的理性和智慧。我想，人类命运共同体的这个理念，它正是基于历史教训，现实困境和未来抉择的一种中国智慧，或许也是一种选择。课后作业：请你们继续去探究一下德法两国未来关系的发展与思考，从历史文化与时代变迁的角度写一篇 400 字左右的小论文。

最后，推荐给大家几本书，如果大家想进一步深入了解德法两国的历史，可以阅读一下。一本是《法国人》，是前法国总统德斯坦写的关于民族命运的反思；一本是明克勒写的《德国人和他们的神话》，从神话故事的角度来阐释德国人的民族性格；还有就是刚才前面好几个同学提到的《阿登纳回忆录》，他是德法和解的亲历者，是研究德法和解的一手史料。

今天这堂课上到这里，谢谢大家！

第四章

穿越时空　释史求通

在历史教学中,培养学生的"历史解释"学科素养,必须运用"唯物史观"的科学理论与方法,以真实的材料为依据,以清晰的史实为依托,透过历史时空变化,在同情之理解的基础上,去探明历史的因果逻辑,解读历史的发展趋势,阐释历史的演变规律,从而涵养学生健康和健全的世界观、价值观、情意观。

历史解释是人们解析和阐释过往事物的一种思维活动。[1] 要对过往事物做出合乎逻辑的历史解释,须以时空观念为前提,史料证据为支撑,历史理解为基础。[2]《普通高中历史课程标准(2017年版)》"附录 A 历史学科核心素养水平划分"中,"历史解释"素养水平划分为四个层次(见表4-1)。

表 4-1

素养水平	素养 4.历史解释
水平一	能够辨别教科书和教学中的历史解释;能够发现这些历史解释与以往所知历史解释的异同;能够对所学内容中的历史结论加以分析。
水平二	能够选择、组织和运用相关材料并运用相关历史术语,对个别或系列史事提出自己的解释;能够在历史叙述中将史实描述与历史解释结合起来;能够尝试从历史的角度解释现实问题。
水平三	能够分辨不同的历史解释;尝试从来源、性质和目的等多方面,说明导致这些不同解释的原因并加以评析。
水平四	在独立探究历史问题时,能够在尽可能占有史料的基础上,尝试验证以往的假说或提出新的解释。

上海近年来围绕"践行史学思想方法,提升历史学习实效"主题进行了大量理论探幽和实践探微。笔者有幸开设了一节拓展型研讨课——历史文化与时代变迁下德法关系嬗变,这堂课的教学设计意图就是通过勾勒德法关系历史图谱,引导学生从长时段、大空间、多视角出发,在史料支撑和历史理解的前提下对两国关

① 冯一下.试论历史解释的界定[J].中学历史教学参考,2017(02):06.
② 中华人民共和国教育部制定.普通高中历史课程标准(2017年版)[S].北京:人民教育出版社,2018.

系的嬗变加以深度分析,渐次达成关于历史解释四个层级水平要求。现将本课作一简要梳理与分析,以求教专家。

一、从时空谱系和小城特性中洞观德法关系变化

德法关系的历史涉及千年,波及世界。在一节课有限载荷的情况下,显然无法全景式地穷尽有关两国关系历史的细枝末节。要对两国关系历史嬗变的因果关系做出合理解释,前提是为学生呈现相关历史的路径和面相。换言之,就是从长时段和大空间入手,从纷繁交错的历史现象中厘清两国关系变化的基本轨迹。因此,在教学设计中就有必要紧紧扣住德法关系发展变化中,若干历史的关键节点、关键事件,使之成为爬疏千年历史轨迹中的一个个坐标点和连接点,让复杂迷离的德法关系划归为一条清晰的历史图谱。

为此,在我的教学设计中采用了提纲挈领、举要连线、执简御繁的方法,高屋建瓴地铺就了德法关系史边框底纹。

- 从查理曼帝国到《凡尔登条约》三分天下的鼎足态势
- 从三十年战争到"威斯特伐利亚体系"后欧洲的格局
- 从拿破仑战争到"维也纳体系"欧洲政治秩序的恢复
- 从德意志统一到普法战争后的欧洲力量对比的新架构
- 从第一次世界大战到"凡尔赛体系"德法关系的隐患
- 从第二次世界大战到美苏两极格局下德法关系的嬗变

上述的罗列仅仅是历史图谱中的几个时间节点和孤立现象。为了帮助同学们进一步理解德法关系变化的走向和机理。我在教学设计中还特别关注到了两点涉及"释史求通"的要素。

一是将上述六个历史"坐标点"从历史变化的时序性和关联性角度加以逻辑疏通。例如,普法战争中德国对法国的羞辱与 19 世纪末到 20 世纪初在列强联合重组——三国同盟与三国协约之间的内在联系;"凡尔赛体系"和德国的复仇主义与法西斯上台的民族心态等等。通过对现象之间内在关系的揭示,将历史的节点加以无痕对接,形成上下贯通、彼此互动的历史通感。

二是诱导学生从宏观历史图谱中聚焦德法关系的走向,再从德法关系的走向

理解国际格局的变化。例如，查理曼帝国的分裂与德法之间关系的肇始；三十年战争与德法关系微妙的变化；英国的"均势"外交政策与德法之间此消彼长的变化；两极格局与夹缝中的德法两国联合自强的诉求等等。

只有这样，才能在宏观叙事与核心内容之间构筑一条理解和解释历史的双向互动通途，引导同学们在萍踪德法关系滥觞源流和国际格局风云变幻中，获得历史的释然和思维的拓展。

但是，上述点睛举要、逻辑疏通的教学构想，也仅仅铺就了从长时段视角理解德法关系变化的边框底纹，它并不意味着抓住了德法关系关键切点。换句话说，宏观勾勒德法关系的历史图谱，并不意味着可以从深度学习的角度上对历史问题加以微观分析和灵动解释。为了将历史的宏观叙事与微观分析有机结合起来，必须找到一个能够承载德法关系史上的一以贯之的微观焦点和切口。经过反复推敲，我最终决定以德法两国边境小城斯特拉斯堡的历史归属变化，帮助学生管窥德法两国关系变化的历史过程，试图通过一个微观视角——小城的世事沧桑，折射德法关系恩怨情仇的历史轨迹。在史料支撑和历史理解的前提下，对两国关系的嬗变加以深度分析，理解时代变迁和历史文化的碰撞与互动是两国关系从敌对走向和解的主要因素。于是，也就有了我在教学实施过程中引发学生关注，并在后来的分析过程中反复被提及和引用的一段新颖的材料——通过地理和文化地图观察斯特拉斯堡的城市特征：

地理位置——今天的法国阿尔萨斯省首府，恰好位于莱茵河畔的法德边境；

地形特征——侧临莱茵河，背依南德高原，面对北德平原，两国共有要冲；

战略地位——两国交界、交通要道、经济重镇、军事要地，德法关系的前沿；

民族构成——德法民族杂处、德法语言并存，其中86.8%的人口母语为德语；

文化多元——小城建筑风格、车站德文标识、阿森纳足球教父温格姓名趣事。

通过特征呈现，从而点出小城在德法关系中属于地缘交集和文化交融之地，揭示其归属变化的历史基因，这可为后续教学环节中的问题解释做好铺垫，埋下伏笔。正因为如此，也就派生了我在上课伊始的一段意味深长的引入环节：

2018年11月，欧洲各国举行了一战结束100周年的纪念活动。法国为期一周的纪念活动的第一站恰好选择在斯特拉斯堡大教堂举行。为了进一步引起同

学的关注和联想,我出示了一段斯特拉斯堡大教堂大主教 Luc Ravel 的演讲片段,并邀请德语班学生朗读并翻译:①

（德法）两国元首在教堂参加的音乐会具有"重要的象征意义……这个教堂见证了阿尔萨斯的一切起起落落……这个地区过去在德法之间几度易手,而现在已经成为被称为"世仇"的两国达成和解的象征"。②

之所以选择这样的引入环节,意在营造一个观察的起点和思维的切口。从一般的逻辑来讲,重大历史纪念活动的选择地,应当与纪念活动有某种联系。此问一出,学生应会有迟疑,迟疑间,有对记忆的搜索,有对史实的梳理,更有对新知的期待。

二、从小城归属和时代特征中探究德法关系变化

历史解释是历史理性思维的一种形式。③《普通高中历史课程标准（2017版）》要求人们"从历史的现象中发现问题",透过历史现象看历史的本质,从纷乱的变化演进中探寻历史的规律。借助命运多舛的小城命运梳理德法关系变化的梗概和图谱,仅仅是本课教学的载体和手段。我在教学设计中始终思考着一个问题:如何通过宏观叙事和微观刻画,在"释史求通"的过程中领悟学习历史的思想方法,并且结合本校的校情和班级的学情,激发学生学习历史的兴趣,感悟探究历史的路径? 因此,我在教学设计和实施中特别采取了两种处理方式,一是掇菁撷华、执简御繁的策略,二是自主探究、众筹分享的策略。

其一,掇菁撷华、执简御繁:在引导学生对斯特拉斯堡城市特征进行观察的基础上,又将历史的观察点转移到了另外一个视角——斯特拉斯堡的兴起、辉煌、伤痛、重生的城市荣辱历程,试图从城市年轮曾经的悲喜中体悟德法关系变化给小

---

① 授课班级为我校双语班,除了共同学习英语外,班级同学还分别选修德语、法语、日语和西班牙语。

② 译文来自德语原文: Frankreich-Deutschland Weltkriegsende: Macron und Steinmeier bei Konzert in Strassburg [EB/OL]. (2018 − 11 − 05) [2019 − 08 − 17]. https://www. blick. ch/news/ausland/frankreich-deutschland-weltkriegsende-macron-und-steinmeier-bei-konzert-in-strassburg-id9069532. html.

③ 冯一下. 试论历史解释的界定[J]. 中学历史教学参考,2017(02): 8.

城带来的烙印。

- 查理曼帝国分裂后小城从意大利——德意志——法兰西的反复多轮易手。
- 中世纪后期城市复兴,并一度摆脱两国封建领主的控制走向自治。
- 特殊的地理位置和便捷的交通条件造就小城成为重要的商贸中心。
- 欧洲人文主义学术中心斯特拉斯堡大学和早期欧洲著名印刷中心。
- 宗教改革中心和保持了 400 多年世界最高纪录的斯特拉斯堡大教堂。

之所以简要罗列上述现象,意在说明在德法关系相对缓和与欧洲局势相对稳定的时候,小城曾一度获得辉煌。同时,也为后来在德法之间无休止的战争厮杀中,给小城造成的毁灭性创伤形成鲜明的历史反差和内心冲击。例如:

- 1870 年,在那场无情的普法战争中,斯特拉斯堡城市建筑毁于战火。
- 二战期间,当地犹太人被驱赶,欧洲最宏大的犹太教堂被夷为平地。
- 1944 年,在英美盟军对德国的大规模轰炸中,整个城市中心被摧毁。

从这样的历史反差和小城命运中,再来看二战以来,伴随着德法关系的缓和,以及两国在欧洲联合进程中携手共进,给斯特拉斯堡带来的重生。例如:

- 斯特拉斯堡成为欧洲委员会、欧洲议会以及欧洲人权法院的首选之地。
- 斯特拉斯堡以其特殊的身份与布鲁塞尔、日内瓦并称为"欧洲之都"。

正是在这种德法关系与小城春秋之间的"聚焦"和"变焦"的有机切换和彼此关联过程中,不仅让相对单调的历史变得丰满,让学生感悟从历史的时空变化和文化基因中去解释历史,达到"释史求通"的目的。而且让学生体味这个悲情离乱之地和小城居民命运中所内藏的失落伤感——"乡愁"是对故土依恋和牵挂的情缘。实际上,也在探索如何在世界史教学中反哺学生的家国情怀。

其二,自主探究、众筹分享:因为本节课的教学设计旨在引导学生从长时段、大空间、多视角出发,在史料支撑和历史理解的前提下对两国关系的嬗变加以深度分析,渐次达成关于历史解释四个层级水平要求。为此,我在教学环节规划中有意识地设计了一项驱动学生进行自主探索、交流分享的微型话题,试图在问题驱动下,培养学生在解决问题的过程中领会"历史解释"的基本规则和思维逻辑。

上课前,我要求学生借助自己所学的德语、法语的语言优势和德法交流的见闻,搜集德法走向和解的原版文献或者口述史料,探究"为什么德法之间数百年血腥的历史轮回在二战后会'急刹车',进而走向和解合作?"。上课中,组织大家从不同的视角，就自己的探究成果各抒己见、分享交流。经过同学们充分的课外阅读和思考，他们在课堂上畅所欲言。

有同学从《爱丽舍条约》和《两德关系基础条约》中发现了德法关系和解的关键因素；还有同学从西欧的资源调配、市场互动，以及地缘关系解读两国关系和解的客观因素；甚至有些同学从本节课老师所讲述的斯特拉斯堡的城市特征、文化基因和民族结构中发掘两国关系得到和解的原因……

正因为结合了双语班的学情特点，并充分发挥了问题的驱动作用，在多年外语学习的文化浸润与现实历史课堂相互交融中，学生展现出优秀的跨文化思考和国际理解能力。更重要的是在这种问题驱动、发散生成和交流分享中，学科素养的滋育不仅得以浸润，而且伴随着探讨的深入和发散，"历史解释"学业水平层次也随之而循序跃升。例如，当我在回顾普法战争，植入都德《最后一课》，与同学共同咀嚼小说背景和作者的心境后，提出了这样一个问题："通过今天的学习，大家是否对这篇课文有新的解读或感受呢？"同学们不约而同地从本课所讲到的小城斯特拉斯堡和德法关系的历史谱系中，特别是从小城的民族结构、语言分布等历史信息中，引发了对作者主观意图和关于证史价值的辨识和质疑。

三、教后重新审视培养学生历史解释的实践路径

教后反思这堂课的创意、设计、实施，我对如何培养学生"历史解释"学科素养的实践路径有了一点新的理论认识。

第一、要全面理解和正确处理五大学科素养的内涵界定和相互关系。在历史教学中，培养学生的"历史解释"学科素养，必须运用"唯物史观"的科学理论与方法，以真实的材料为依据，以清晰的史实为依托，透过历史时空变化，在同情之理解的基础上，去探明历史的因果逻辑，解读历史的发展趋势，阐释历史的演变规律，从而涵养学生健康和健全的世界观、价值观、情意观。反观"历史文化与时代变迁下德法关系嬗变"这节课，如果离开了"时空观念"和"史料实证"，离开了唯物史观的理论与方法的指导，必然会导致理论的缺损、逻辑的缺陷、史实的缺失，所谓的"历史解释"也必然会浅尝辄止。

第二、要在问题驱动下激发学生在自主探究中成为历史解释的主体。从历史

教育层面所追求的"历史解释"学科素养,其着眼点和着力点无疑都指向于学生。对于历史课堂教学而言,既然"历史解释"的客体或对象是过往的历史事物和现象,那么学生参与解释的就不仅仅是教材的结论或者老师的见解。学生不仅是我们培养"历史解释"学科素养的对象,他们更是参与"历史解释"的思想和行为主体。就本节课而言,在探究"为什么德法之间数百年血腥的历史轮回在二战后会'急刹车',进而走向和解合作?"这一关键问题驱动下,发挥了学生各自的语言特长,以自主收集资料,独立思考解释,相互交流分享的方式培养学生"历史解释"的素养。

第三、要在倾听过程中不失时机地帮助学生在思想方法上内化迁移。"历史解释"是学科核心素养的综合体现,是对学生学习和认识历史的系统检验;也是学生形成自己对历史的看法的标志。就德法关系的历史演变这节课而言,其核心主旨是透过斯特拉斯堡归属的变化管窥德法关系历史演变基本路径,依据一定理论预设(唯物史观)和判断准则(价值取向)引导学生从历史的叙事提升到历史认识的高度,在揭示两国关系演变的内因与外因、偶然与必然、局部与全局等方面的关联的过程中,体会并内化"历史解释"的基本要义和思想方法。正是基于这样的理解,所以笔者在激励和启发学生畅所欲言,对德法关系之所以能够冰释前嫌、联合自强进行"历史解释"的时候,十分关注学生的思考角度和论证依据,并适时将他们的观点加以归纳和整理,试图获得一个相对完整、逻辑清晰、纵横贯通的"历史解释"。但是,却忽视了在倾听、归纳和形成答案过程中对学生思维过程加以调控、调节和矫正、纠偏;忽视了将学生交流分享的过程向历史思想方法高度的引导和点评。正如课后专家点评中所说,教师在学生讨论过程中应该有意识地帮助学生构建思想方法模型,从学生的思维活动中提炼他们思考的视角、视野和逻辑,这些能力才可能迁移出去,这样的教学才是富有生命力的,才能在潜移默化中滋育学生"历史解释"的学科素养。

第五章

全球视野　家国情怀

　　如何在全球化背景下全面、准确理解"家国情怀"的核心内涵与外延,在世界历史教学过程中发掘相关的历史元素,并精妙适切、纯熟自然地融入我们的教学环节,让课堂充满人文气息和情感氛围,以陶冶学生的精神世界,在大教无痕中借他山之石臻攻玉之境,借多样性的世界各国各民族的历史,"回馈"和"反哺"我们中国学生的"家国情怀",这是一个永恒和重要的历史教学话题。

历史学的核心价值在于从群体记忆中获得理性启示和现实关照,历史教育的最高境界则是从过往的故事中汲取营养,立德树人。《普通高中历史课程标准(2017年版)》将"家国情怀"作为历史课程五大学科素养之一,不仅体现了历史教育的一般教化功能,更是历史教育在情感态度价值观方面的集中体现和人文追求。如何在世界历史教学中培养学生的"家国情怀"? 如何在全球化背景下正确处理民族国家的文化认同、情感皈依与整体世界的包容理解、和谐共处? 这些需要我们在微观具体的课堂教学中加以体现和渗透,让历史课充满对人类世界的宽容与理解和对多元文明的尊重与敬畏。在此,以"历史文化与时代变迁下德法关系嬗变"这节拓展型课为例,尝试在世界历史教学中滋育学生"家国情怀"。现就本节课的教学设计和实践反思与大家分享,以求抛砖引玉。

一、小切入、大情缘——小城悲情与故土乡愁

家国情怀植根于对故土的精神皈依与情感眷恋。要在历史教育中培育学生纯真和质朴的家国情怀,离不开对"家庭"—"家园"的追忆和依存,并由此延展到对"家国"的认同和挚爱。而在世界历史的教学中,我们也应该善于从不同地区、不同民族的这种"恋土"情愫中,汲取人类世界所共有的精神力量,反哺中国人的家国情怀。

为了从一个微观视角梳理德法关系的历史演变,并从中体会人们在备受战争折磨后的别情离愁。我为本节课设计了一条贯穿始终的线索——以德法边境的小城斯特拉斯堡为切入点,萍踪德法两国关系的历史图谱,钩沉小城居民的命运与德法两国国运之间的内在联系,探讨如何在史料支撑和时空变换中渗透"释史怡情"的目标。有基于此,我在教学实施过程中,有意识地引导学生从长时段、大空间、多视角出发,在史料支撑和历史理解的前提下对德法两国关系的嬗变加以

深度分析,渐次达成关于历史解释四个层级水平要求。与此同时,力求在历史叙事和历史解释的理性思维过程中,拨动学生的情感之弦,感受和体验故土情结与家国情怀之间的精神纽带。

在我看来,小城归属轮转、兴衰沉浮的经历及其所折射出的德法关系长期剑拔弩张、冤冤相报的悲剧,恰恰从反面提供了许多耐人寻味的历史教训,也恰恰为我们进行"家国情怀"教育提供了可资利用的感人素材。

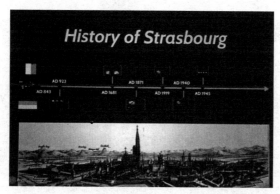

图 5-1　斯特拉斯堡城市归属的变迁

第一,时代变迁下小城斯特拉斯堡的归属轮转和国籍变更。最早可以追溯到公元前后的古罗马帝国时代,5 世纪中叶,随着西罗马帝国的灭亡,斯特拉斯堡逐渐纳入法兰克王国的版图。直到 843 年《凡尔登条约》三分查理曼帝国之后,小城的归属就在意、德、法三国之间轮转。起初归属意大利;而伴随着德意志奥托一世的征服又归属于神圣罗马帝国;三十年战争后法国渔翁得利,抢占了德国西部的阿尔萨斯、洛林地区;1681 年,路易十四以武力夺取了中立的自由城市斯特拉斯堡,由此开始第一次归属法国;普法战争后随着法国的战败,斯特拉斯堡伴随着阿尔萨斯-洛林的割让又归属德国;一战结束后,法国重新夺回;二战期间,法国战败投降,德国再次占领;二战后,德国纳粹投降,小城从此归属法国。

在欧洲三十年战争之后的短短 300 年间,随着德法冲突的此消彼长,小城斯特拉斯堡在德法两国之间轮番易手,当地人更换过五次国籍。当归属法国时,当地居民被要求挂法国的国旗和法国总统的画像;而当被德国占领了,居民们又被要求挂德国国旗和德国国王的画像。为了应对这频繁的交替变更,当地居民家里普遍准备了德法两面国旗,甚至听说有一个双面相框的故事:当地人做了双面相框——一面是德国国王,另一面是法国总统。在看似荒诞的故事中流露出斯特拉斯堡人飘摇无根的内心苦涩和精神恍惚。

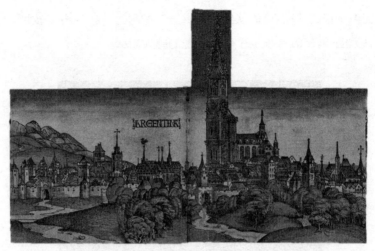

图 5-2　纽伦堡编年史上的斯特拉斯堡木刻(1493 年)

第二,战争重创之下小城斯特拉斯堡屡屡变成废墟。早在 15 世纪末,小城斯特拉斯堡就凭借其欧洲中心地带和莱茵河优良港口的地理位置优势,成为当时欧洲的商贸中心、印刷中心,乃至欧洲人文主义学术中心。耗用 300 多年建成了当时世界上最高的建筑——斯特拉斯堡大教堂,这个记录保持了 400 年左右,

图 5-3

直到 19 世纪后期科隆大教堂的落成。这也足以证明了当时斯特拉斯堡城市的繁华。

但是 1870 年,在那场无情的普法战争中,斯特拉斯堡城市建筑毁于战火,二战期间斯特拉斯堡归属德国,当地犹太人被驱赶,当地欧洲最大的犹太会堂被夷为平地。1944 年,又遭到英美盟军的轰炸,导致整个市中心被摧毁。

图 5-4 美英盟军轰炸后的旧城废墟(1944 年)

通过勾勒小城斯特拉斯堡的历史变迁,使学生深刻地感受到德法两国长达数百年的仇怨宿敌、兵戎相见的历史导致小城归属轮转,饱受战争创伤,成为悲情离乱之地。正是在对小城春秋和小城居民命运的往事钩沉的过程中,让学生体验"乡愁"不仅是一种对故土依恋和牵挂的情缘,也是一种根植于这片土地上每个人心中祈祷和平祥和的社会情结和内心情感,更是一种基于精神家园和民族皈依的家国情怀。

二、小细节、大震撼——冤冤相报与家国伤感

"我们看世界，不能被乱花迷眼，也不能被浮云遮眼，而要端起历史规律的望远镜去细心观望。"①历史的魅力在于其往事中蕴含的理性思考和人性感怀。而要让悠远和潜在的历史魅力得以彰显，在很大程度上有赖于那些鲜活、生动，甚至是令人纠结的历史细节，借助历史细节的刻画带给学生强烈的心灵震撼与冷峻思考。为此，我在众多的历史材料中精选了几则既相对独立，又彼此关联的经典故事，试图透过看似如烟的往事，在揭示德法两国在历史上相互羞辱与循环复仇的同时，让学生体验两个民族的历史阵痛和国殇悲情，从历史的不幸中反思"家国情怀"的内涵和真谛。

细节一：拿破仑将柏林勃兰登堡门上的和平女神与驷马战车拆下运回法国。

图 5-5 1806 年拿破仑率军攻入普鲁士勃兰登堡门

拿破仑战争，一度横扫欧洲，使本来已经名存实亡的神圣罗马帝国彻底崩溃、寿终正寝。并且在 1806 年，拿破仑继续向东进入柏林，普鲁士战败后被迫割让了 16 万平方公里的领土（当时普鲁士总面积 30 万平方公里），并赔款 1.3 亿法郎。②当时拿破仑甚至将普鲁士的标志性建筑——勃兰登堡门上的和平女神与驷马战车都当作战利品拆了下来，运回了法国准备装到巴黎的凯旋门上。这是对普鲁士人的极大羞辱，也埋下了复仇的种子。

---

① 习近平在中央外事工作会议上的讲话[N]. 人民日报,2014 - 11 - 29(01).
② 互动百科. 普鲁士王国[EB/OL]. [2019 - 08 - 17]. http://www. baike. com/wiki/%E6%99%AE%E9%B2%81%E5%A3%AB%E7%8E%8B%E5%9B%BD.

细节二：凡尔赛宫上演的两幕德法之间恩怨情仇录。

图 5-6　凡尔赛宫举行的德皇加冕与巴黎和会

普法战争法国战败，1871 年 1 月 18 日，普鲁士国王威廉一世在法国巴黎凡尔赛宫加冕为皇帝，并宣告德意志第二帝国成立。这是普鲁士对此前拿破仑战争的复仇，也是对法国的故意羞辱。一战结束后巴黎和会在凡尔赛宫召开，也是 1 月 18 日。当时法国总统克列孟梭说："48 年前的今天，德意志帝国就出生在这个大厅里。由于他生于不义，自当死于耻辱！"

细节三：福煦车厢上演的两幕德法之间恩怨情仇录。

图 5-7　福煦车厢上的两次停战协定签署

1918 年 11 月 11 日，在法国元帅福煦乘坐的车厢内，签订了《贡比涅停战协定》。福煦当时傲慢无礼，甚至极度羞辱德国代表，福煦车厢由此得名。据说这节编号为 2419D 的特殊车厢，曾是拿破仑三世的御用车厢。拿破仑三世在 1870 年普法战争中被俘，成为法国历史上最屈辱的一幕，如今在这节车厢里进行对德作战胜利签字仪式,是无声地宣示法国惨败之后的崛起。可是时隔22年,天平又倒向德国。希特勒希望在贡比涅一雪当年之耻。1940年6月22日,希特勒特意命令将陈放在博物馆中的福煦车厢运到了贡比涅森林,并精确地停在1918年所在的位置。希特勒坐在了福煦元帅当年坐的那把椅子上,脸上流露出轻蔑、愤怒、憎恨、报复和满足的表情。

"夫明镜者,所以照形也;往古者,所以知今也。"[1]历史是一面镜子,回首德法关系的历史悲剧和战争魔咒,我们似乎可以发现横亘于两国之间的心理阴影——无限膨胀和疯狂的极端民族主义,相互排异和狂躁的国家利己主义,因此造就了两国关系中周期性"复仇主义"的群体精神病态。所以,在世界历史教学中我们需要审慎、慎重地分析处理那些看似"爱国",实则祸国,贻害人类的精神毒素。从历史的反面教训中帮助学生树立健康、全面、包容的民族观、国家观和文化观。

三、小人物、大格局——全球视野与家国情怀

"和羹之美,在于合异。"文明的繁盛、人类的进步,离不开求同存异、开放包容,离不开文明交流、互学互鉴。新课标将"了解世界历史发展的多样性,理解和尊重世界各国、各民族的文化传统,形成广阔的国际视野"作为家国情怀目标的一个要点,具有深远的意义和现实的价值。但是,如何在全球化背景下全面、准确理解"家国情怀"的核心内涵与外延,在世界历史教学过程中发掘相关的历史元素,并精妙适切、纯熟自然地融入我们的教学环节,让课堂充满人文气息和情感氛围,以陶冶学生的精神世界,在大教无痕中借他山之石臻攻玉之境,借多样性的世界各国各民族的历史,"回馈"和"反哺"我们中国学生的"家国情怀",这是一个永恒和重要的历史教学话题。

本堂课在追述德法关系的嬗变的同时,我有意识地设计了贯穿各环节始终的一条"情意链",即家人——家乡——家国情怀和人类相互理解——依存——共处的理念,试图让学生在感悟历史人物复杂的内心世界中,提升对"家国情怀"内涵的正确认识。

---

[1] 韩婴. 韩诗外传:卷第五[M]//许维遹校释. 韩诗外传集释. 北京:中华书局,1980.

人物一：德国大文豪席勒沉痛地感叹："德意志在哪里？"

引导学生在拿破仑战争和神圣罗马帝国的崩溃，勃兰登堡门的和平女神被拆解运往法国的背景下，理解德国大文豪席勒发出的"德意志在哪里？"的沉痛苦恼和感叹，理解德意志人的民族意识和渴望统一的强烈愿望。对于这一灵魂拷问歌德回答说："我们没有一个都城，甚至没有一块国土，可以让我们明确地说：这就是德国！如果我在维也纳问这是哪一国，回答是：这是奥地利！如果在柏林提这个问题，回答是：这是普鲁士！"①"德意志在哪里？"这个历史性的问题，拷问着每一颗德意志人民的心灵。

人物二：法国作家都德的《最后一课》中韩麦尔老师的无奈："今天是你们最后一堂法语课。"

当叙述到普法战争后，法国战败被迫割让阿尔萨斯-洛林这段历史时，我带领学生一起回顾大家熟悉的一篇语文课文：都德的《最后一课》。并为学生背诵其中最令人撕心裂肺的那段话："柏林已经来了命令，从明天开始，阿尔萨斯和洛林的学校只许教德语了。今天是你们最后一堂法语课。……法国语言是世界上最美的语言——最明白，最精确；我们必须把它记在心里，永远别忘了它，亡了国当了奴隶的人民，只要牢牢记住他们的语言，就好像拿着一把打开监狱大门的钥匙。"从而感受作者对国破家亡的悲怆与无奈，体味作者对世界上最美的语言即将消逝的感伤和痛苦。

人物三：法国外长罗贝尔·舒曼发表"欧洲一体化宣言"。

引导学生从罗贝尔·舒曼的家乡——洛林，一个家乡、两个祖国——被人们善意笑称"国界线上的人"的苦难经历，体会他在1950年访问西德城市波恩时那段诗一般演讲背后的包容、联合、自强的内心呐喊——"人们将会承认，我们曾经在莱茵河畔，在我们德国和法国的莱茵河畔，哪怕具有一切民族界限而仍然构成一个整体的莱茵河畔，试图作过一项重要的事业。我相信，这一事业必将取得成功！"②

透过以上人物的情感与思想，他们无疑都对"家国情怀"的内涵做了很好的阐

---

① 爱克曼，辑录. 歌德谈话录[M]. 朱光潜，译. 北京：人民文学出版社，1982：211—212.

② 环球在线. 罗贝尔·舒曼：煤钢联营倡导者[EB/OL].（2007 - 03 - 23）[2019 - 08 - 16]. http://www. chinadaily. com. cn/hqkx/2007 - 03/23/content_834728. htm.

释：对故土的归属感，对家乡的皈依感，对民族国家的认同感和使命感，对人类的理解与包容，乃至关注人类社会前途的深情大爱。遥想人类历史上血淋淋的战争和冲突的教训，面对当今出现的欧盟"脱一体化"和"逆经济全球化"的困局，习近平总书记提出的构建"人类命运共同体"的畅想，高屋建瓴地提出了一份超越民族、国家和意识形态的中国方略，不仅为人类在包容、理解、对话中和谐发展提出了一种理想和智慧，也为我们在历史教育，特别是在世界史教学中如何培养学生的"家国情怀"，提出了新时代的新要求。

"涵养我们的历史思维，意味着一种历史责任。"[①]在世界历史教育中涵养学生的历史思维，不仅要求我们在唯物史观的指导下，从历史的大时空出发去思接千载、视通万里，从史料实证和历史理解出发去释史求通、以史为鉴；而且要求我们对世界历史心存"温情与敬意"，以包容理解的博大胸襟体验人类对家庭——家园——家国的至诚之心，以冷峻反思的理性精神汲取人类历史的惨痛教训，培养学生在全球化背景下的广阔的国际视野和真切的家国情怀。

课例："儒家文化的传播"教学设计

笔者也曾指导本校历史组的俞仙芳老师开设"儒家文化的传播"一课，该课入选了"上海市德育精品课程"。本节课从教学设计到教学过程，都是基于历史核心素养，既注重了历史核心知识和概念的建构，又通过大量史料研习培养学生的史料实证能力和批判性思维。从"东亚文化圈"到"西方儒学热"再到"现代世界儒学的时代价值"，整堂课聚焦了"儒家文化的传播和影响"这一课题，清晰地阐释了孔子由鲁国人到中国人到东亚人再到世界人的角色转变过程。学生从中了解了中国传统文化——儒学对东亚、西方乃至当今世界产生的巨大而深远的影响，韩剧中的礼俗文化和孔子学院走向世界等等，感受到中国传统文化的精髓在现代世界的时代价值，一种民族自信、文化自信的民族自豪感油然而生，有效渗透了"文化自信"与"家国情怀"的学科育人目标。

---

① 范正伟. 人民论坛：涵养我们的历史思维[EB/OL]. (2019 - 01 - 25)[2019 - 08 - 16]. http://theory. people. com. cn/n1/2019/0125/c40531 - 30590103. html.

附录："儒家文化的传播"教学设计

执教者：上外附中　俞仙芳

教学立意

　　儒家文化辐射东亚，形成以中国文化为轴心的儒家文化圈，影响深远。以传教士为媒介，儒家文化也远播西方，一度成为启蒙思想家对抗教会的思想武器。从传统到现代，儒学焕发出巨大的时代价值。

教学目标

　　唯物史观：从儒学在东亚和西方引起的反响意识到社会存在决定社会意识，社会意识反作用于社会存在。

　　时空观念：在古今、中西不同的时空框架中理解儒学的延续与变化。

　　史料实证：通过辨析史料，认知史料作者的意图。

　　历史解释：从孔子形象的变化知道不同的人对同一事物会有不同解释，并能对各种解释加以评析与价值判断。

　　家国情怀：了解并认同中华优秀传统文化，认识儒学的历史价值和现实意义，在多元文明并存的今天树立文化自信。

教学重点

　　传统时代儒家文化的传播与影响

教学难点

　　现代世界儒家文化的时代价值

教学过程

　　导入新课：孔子的形象变化

　　"孔子原来是鲁国人，500 年后成为中国人，又过了 500 年成了东亚人，现在是让孔子成为世界人的时候了。"

——2010 年 7 月 13 日《环球时报》

从"鲁国人——中国人——东亚人——世界人"，孔子的形象不断变化。 思考： 为什么对孔子的定位不断变化呢?

孔子如何从鲁国人成为中国人的? 这一问题我们在前一节课进行了探讨。 从春秋战国时期的孔孟之道到西汉董仲舒的汉代经学再到宋明理学，儒学自身不断改造，从西汉开始成为历代王朝的统治思想和社会主流的意识形态。 孔子也从鲁国人变成中国人。

那么，孔子怎么成为东亚人，又是如何走向世界的? 这是我们今天的主题。

一、孔子成为东亚人——儒家文化辐射东亚

环节1： 分析东亚文化圈概念的提出及特征

出示东亚文化圈的概念与由来，知道首先是海外学者将中国、朝鲜、日本等东亚国家称为"东亚文化圈"。

出示东亚文化圈地图，直观把握东亚文化圈的核心地理范围，并知道文化圈的四条纽带：汉字、律令、汉传佛教、儒学。

设计意图：从学术研究成果的角度引导学生高屋建瓴地认识东亚文化圈。

环节2： 梳理儒学的传播过程

出示秦朝疆域图、西汉疆域图、朝鲜半岛三国时代图，从具体的时空中知道儒学传入越南、朝鲜、日本的时间。

出示《三国史记·高句丽本纪》、新罗乡歌、日本6世纪圣德太子《十七条宪法》节选三则史料，思考：为什么东亚邻国争相引入儒家文化?

设计意图：引导学生从本质上认识到儒家文化广泛传播的原因是适应了人类普遍的道德要求，适应了解决社会问题的现实需要。

环节3： 分析儒家文化对东亚国家的影响

出示韩国纸币儒学人物、日本东京孔庙、越南乡试等材料，引导学生理解儒家文化在文化教育、选官制度、伦理价值观方面对越南、朝鲜、日本产生重大影响。

出示经典韩剧片段材料，从文化的角度探查韩剧中折射出的儒家文化价值观和思想观念。意识到时至今日，韩国还或多或少地保留着儒家文化的元素。韩剧在中国的流行折射了东亚文化的同源性。

出示哈佛大学杜维明教授的论述，从学术层面把握儒家文化对东方文明的精神塑造。

设计意图：用贴近学生生活的丰富生动的史料，引导学生意识到儒家文化在东亚世界的影响，加深对中国传统文化的认同。

过渡： 正是儒家文化深刻影响和改变了东亚世界的文化格局，孔子成为了"东亚人"。儒学还远播西方，影响着世界文明的进程。

二、孔子走向世界——儒家文化远播西方

环节 4： 中西对话的媒介——传教士

出示利玛窦两次变换服装材料和《中国哲学家孔子》等材料，知道传教士对儒学西传作出了重大贡献，是 17、18 世纪中西文化交流沟通的重要媒介。

环节 5： 17—18 世纪欧洲中国文化热

出示当时欧洲中国风的宫殿园林、房间装饰、瓷器收藏等史料，勾勒出欧洲社会对中国风的狂热追逐景象，意识到中国文化在各个不同领域影响西方。

环节 6： 西方学者的反应——伏尔泰笔下的孔子

出示伏尔泰《风俗论》片段，思考：伏尔泰心目中的孔子是怎样的？你觉得他为什么这样评价孔子呢？

设计意图：引导学生认识到西方对中国的兴趣不仅停留在浅层次的对异国情调的追逐，还有知识分子对中国文化尤其儒学表现出巨大的兴趣，除了对中国文化本身作比较深刻的研究外，还将中国作为参照物探讨欧洲的诸多问题，从而显示了中国文化对欧洲的影响。通过解读伏尔泰笔下的孔子，培养学生从时代、立场、占有的史料等角度分析的历史解释能力。

过渡： 儒学的传播并不止步于传统世界，儒学在现代世界依然受到广泛关注。不论东亚还是西方，不论过去还是现在，孔子都在成为"世界人"。

三、孔子在现代世界——儒学的传承与创新

环节 7： 了解儒学在现代世界的传播

出示材料"孔子学院分布情况图"和孔子学院标志，思考：孔子学院的标志表达了怎样的含义？

环节8： 分析儒学的现代价值

出示1988年诺贝尔奖得主、韩国现代学者、中国学者对儒学的评价，思考：这几位现代学者怎么看待孔子？在现代世界，儒家文化具有怎样的时代价值？

设计意图：引导学生理解历史人物的现实价值离不开时代的特征与诉求。在政治多极化、经济全球化、多元文化并存的当今时代，面对强权政治、物质崇拜、文明冲突等问题，学者们将目光投向了中国的儒学。儒学的道德理念可以成为世界精神文明建设的思想资源。在此基础上，认同中华优秀传统文化，认识儒学的历史价值和现实意义。

环节9： 升华总结

从以上分析可见，儒家文化蕴含的道德观念具有很强的普世性价值；当然儒学作为一种历史文化，它也有不适应现代世界的成分。我们对它既不可一味否定，也不能全盘沿袭，应该取其精华、弃其糟粕，从理性的维度加以诠释。于中国，于世界，孔子及其儒学是现代世界精神文明建设的思想源泉。孔子的形象代表中国，这是我们在现代世界的文化自信！

板书结构

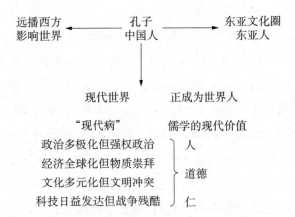

资料附录

1."孔子原来是鲁国人，500年后成为中国人，又过了500年成了东亚人，现在是让孔子成为世界人的时候了。"

——2010 年 7 月 13 日《环球时报》

2. "持德者昌，持力者亡。"

——《三国史记·高句丽本纪》

3. "君王为君王，臣下为臣下，百姓为百姓，则国定于太平。"

——《新罗乡歌·安民歌》

4. "以和为贵，无忤为宗；群臣百僚，以礼为本；

惩恶劝善，古之良典；使民以时，古之良典。"

——日本 6 世纪圣德太子《十七条宪法》节选

5. "现在，儒学不仅是中国的，也是越南的、韩国的、日本的，是
东亚文明的精神体现。"

——美国哈佛大学教授杜维明

6. "他们的孔子不创新说，不立新礼；他不做受神启者，也不做先
知。 他是传授古代法律的贤明官吏……孔子只是以道德谆谆告诫人，
而不宣扬什么奥义。 世界上曾有过的最幸福、最可敬的时代，就是奉
行孔子的律法的时代。"

——节选自伏尔泰《风俗论》

7. "截至 2017 年 12 月 31 日，全球 146 个国家（地区）建立 525
所孔子学院和 1 113 个孔子课堂。 孔子学院 138 国(地区)共 525 所，其
中，亚洲 33 国(地区)118 所，非洲 39 国 54 所，欧洲 41 国 173 所，美洲
21 国 161 所，大洋洲 4 国 19 所。 著名的如斯坦福大学孔子学院。"

——http://www.hanban.edu.cn/confuciousinstitutes/node_10961.htm

8. 孔子学院标志

9. "如果人类要在 21 世纪生存下去，必须回顾 2540 年前，去吸取孔子的智慧。"

——瑞典物理学家汉内斯·阿尔文博士，在 1988 年第一届"面向 21 世纪"诺贝尔获奖者集会

10. "儒家思想不会仅仅因为时代性的制约而终结。因为它包含着永恒的真理，以超时代的精神为依据，所以尽管暂时的社会剧变掩盖了它固有的真谛，但是它以崭新的精神放射光芒的端倪已经出现。"

——【韩】柳承国：《韩国的儒家思想》，《孔子研究》，1992 年第 2 期

11. "儒学在中国已有数千年的文化存在，这是一个不争的事实。可是，儒学的价值究竟在哪里，却是一个因时而异、常讲常新的活话题。"

——宋志明：《儒学的价值究竟在哪里？》，《人民论坛·政论双周刊》，2009 年第 269 期(10 下)

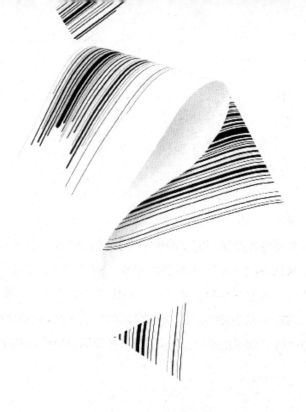

第六章

关注细节　彰显史感

　　历史丰富多彩,历史跌宕起伏。历史教学如何在呈现昨天的"实然"的往事过程中,借助那些曾经的故事、人物,通过史料实证去加以理解和解释,让历史课充满历史的魅力,洋溢历史的味道,从而在叙事、习得、求真的同时,去悟法、得道、怡情,进而滋育学生的学科素养?

十多年前,聂幼犁教授在听完了我的一节课后说:"这节课主旨明确,条理相当清晰,有讲有练,实效性很强。但是总感觉少了些'历史味'。"聂老师所说的"历史味"到底应该是怎样的气息呢? 我在内心的体悟和教学的修行中,开始了新的思考与实践。不久后,我有幸参加了李惠军老师的工作室,近距离得到了李老师的真传,借此也聆听了众多专家来工作室传道,在耳濡目染中我逐渐领悟到了"历史味"之真谛。

一、于事件细节处彰显历史的"韵味"

在悠悠岁月和浩如烟海的历史时空中,曾经的往事俨如芸芸众生,一幕幕丰富多彩,扣人心弦的活剧,然而历史的魅力不等于历史课的魅力。可能受史学观念、考试指挥棒等诸多因素的影响,历史课堂也演绎成一个个知识点的框架,失去了鲜活的生命力。刻板的时间、地点、人物和古板的背景、经过、影响令学生索然乏味;呆板的概念、规律、必然和死板的标准、套路、思路令学生味同嚼蜡。

当我们的历史课堂正在失去历史"韵味"的时候,我们却看到了另外一番课堂之外的"历史风景",如大家对易中天、袁腾飞、纪连海等人的追捧,公众对《甄嬛传》、《芈月传》、《明朝的那些事儿》、《康熙王朝》等历史剧和历史小说的点赞。这不仅反映了历史本身的魅力和呈现模式的魔力,同时也给我们历史教师一个启示——要关注历史的细节,让抽象的历史生动化、生活化,让学生走进历史,理解历史、感悟历史,感受历史的韵味。

在高中历史教学中,每当我讲授"1929—1933 年世界经济危机"这个事件,都会给学生介绍危机前美国的"柯立芝繁荣",为了让学生对这一概念有更多的感性认识,于是我补充了以下历史细节和相关的历史图片:

一战中美国大发横财,赚了 380 亿美元。所以战后美国经济得到飞速发展。到 1929 年,美国在资本主义世界工业生产的比重已达 48.5%,超过当时英、法、德三国所占比重总和的 79%。① 当时老百姓的生活水平也迅速提高:家用电器像收音机、电冰箱、洗衣机、吸尘器、电话等都已经进入美国家庭。而直到 20 世纪末期,这些家用电器才走进中国普通老百姓的家庭,足足比中国早了近半个世纪。

　　据最新发表的普查数字表明,1927 年 1 月,美国登记注册的汽车有 900 万辆,数量多达世界总数的 39%。在美国,平均每 6 人有一辆汽车,在英国每 57 人有一辆,而在德国每 289 人有一辆。② 今天的中国是世界上最大的汽车制造国和消费国,人均汽车保有量也快速增长,据统计,2009 年我们国家每 21 人有一辆车,还相当于美国 1917 年的水平。③

　　可见,80 年前的美国已经相当繁荣。历史上把美国这一时期(1918—1929)的经济繁荣称为"柯立芝繁荣",以致柯立芝总统声称,美国人民已达到了"人类历史上罕见的幸福境界"。

经过这样的横向与纵向数据对比,学生自然能理解"柯立芝繁荣"的概念。同样,学生对于课文中"黑色星期四"之后的美国经济急剧衰退和美国民众的生活水平大幅降低也缺乏感性的认识,不能体会当时危机来临后人们绝望的心境。所以我也补充了一些历史细节,尽可能还原当时的情景:

　　1. 用数据描述股市崩盘的噩梦

　　"黑色的星期四"这天,道琼斯指数暴跌 13%。抛出 1 300 万股,一夜间,股票由 5 000 多亿美元的顶巅跌入深渊,繁荣化为乌有。到 10 月 29 日,道琼斯指数再跌 12.8%,抛出股票多达 1 650 万股,引起持续的金融恐慌。再到 11 月 11 日,道琼斯指数已经从 9 月份的高峰下跌了

① 栗宝卿,戴成伟. 两次经济危机的比较与启示[J]. 中国对外贸易,2009(7):86—88.
② 李斯. 1927 年 1 月 29 日美国平均每 6 人有一辆汽车,居世界之首[EB/OL]. 历史上的今天,(2012 - 07 - 10)[2019 - 03 - 23]. http://www. todayonhistory. com/1/29/MeiGuoPingJunMei-6-RenYouYiLiang-car-JuShiJieZhiShou. html.
③ 牛洪军. 中国直面两亿汽车保有量大考[N/OL]. 中国证券报. 中证网,(2010 - 09 - 08)[2019 - 03 - 23]. http://auto. sina. com. cn/news/2010 - 09 - 09/0823651123. shtml.

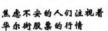
焦虑不安的人们注视着
华尔街股票的行情

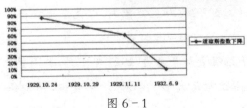

图 6-1

40％。到 1932 年 6 月 9 日触底时,道琼斯指数已经下跌了 91％！美国钢铁公司的股价由每股 262 美元跌至 21 美元。通用汽车公司从 92 美元跌至 7 美元。[①]

2. 用图片印证危机与人们的恐慌

图 6-2 求职　　　　　图 6-3 刮胡子　　　　　图 6-4 卖水果

3. 用流行歌曲佐证危机与社会心态

播放歌手乔治·迈克尔(George Michael)演唱的流行歌曲[②]《兄弟,能赏给我一毛钱吗》(Brother, Can You Spare a Dime),歌词大意如下:

---

① 雨初. 1929 年美国股灾启示录[J]. 传承,2008(7):24—27.

② K Kern. Brother, Can You Spare a Dime [J]. Agriculture, 2010,14(6):72-88.

Once I built a railroad, made it run

曾经我修过一条铁路，让它跑起来，

Made it race against time

让它可以与时间赛跑，

Once I built a railroad, now it's done

曾经我修过一条铁路，现在已经完成了，

Brother can you spare a dime?

兄弟，能赏给我一毛钱吗？

Once I built a tower to the sun

曾经我盖了一座塔，向着太阳，

Brick and rivet and lime

砖和铆钉和石灰

Once I built a tower, now it's done

曾经我盖了一座塔，现在已经完成了

Brother can you spare a dime? …

兄弟，能赏给我一毛钱吗？……

这些曾经为美国建设作出贡献的工人们，在 20 世纪 30 年代大萧条时期，许多工人失业，穷得连一毛钱都没有。那时有没有一毛钱可能意味着吃饱或者挨饿。整首歌忧伤的旋律引起了大家的共鸣，唱响了美国。

通过以上历史细节的补充介绍，让学生深刻感受到了危机前后美国民众生活水平的巨大落差，从而能够理解这次经济危机引发的灾难性后果。同时，也在史料解读和历史叙事之间，不经意地渗透了"史料实证"学科素养的滋育。在细节刻画中不仅再现了历史的场景和心理，而且通过有意史料和无意史料、数据史料和图片史料的比对，达到了"论从史出"的求真意图。

二、于人物描述处彰显历史的"至味"

我的师傅李惠军老师常说："历史，说到底是人类足迹的记录；教学，说到底是在'今人'与'古人'的对话中滋育学生学科素养。没有了人,历史教育终将走向消亡。"遗憾的是,在我们的历史教材中,往往又缺失对历史人物丰满的叙述,导致学生对历史人物的认识往往片面化、简单化和绝对化。

部编教材《中外历史纲要》中第 21 课"冷战与国际格局的演变"一课中关于"古巴导弹危机"的描述是这样的:"20 世纪 50 年代中期以后,东西方关系既有缓和,也有激烈的冷战对抗。在美、苏开展对话的同时,出现了第二次柏林危机和古巴导弹危机。这两次危机虽然没有达到局部热战的程度,但它们所带来的战争特别是核战争的风险是空前严重的。"

学生无法感受到"古巴导弹危机"是人类空前接近核战争的"毁灭边缘"及其当时引起的"民众恐慌",更不可能感悟到当时美、苏两国领导人在处理这一危机时的历史智慧。所以我在讲授时补充叙述了美国总统肯尼迪的相关历史细节:

1. 辉煌与悲情的人生

从名门望族家庭到哈佛大学的光环;从父辈总统之梦的厚望到二战中的"紫心勋章";从力克竞选对手尼克松到 43 岁入主白宫;从唯一获得普利策奖的总统到在位仅 1 000 天就遇刺身亡。

2. 纠结与果断的抉择

1962 年 10 月 14 日,美军 U-2 飞机拍到正在古巴建设的苏联导弹井。之后,美国又拍摄到导弹发射场,证明当地部署了最大射程为 4 500 千米的 16 至 32 颗导弹,它足以攻击所有美国重要工业城市,估计几分钟之内将要死掉八千万美国人。[①] 肯尼迪得知后因此陷于进退两难:如果攻击这个导弹发射井,可能会直接导致与苏联的核战争;如果不采取任何行动,则要一直忍受近距离的核弹威胁。由于距离太过接近,如果对方在毫无警告的情况下发射核弹,美国很可能会在未还击之前就被击垮。情急之下,他和他的智囊提出了两个应对的方案:空袭加入侵或是海上封锁并威胁进一步采取军事行动。

1962 年 10 月 20 日,肯尼迪相当谨慎地决定"隔离"古巴,使苏联明

---

① 罗伯特·肯尼迪.十三天——古巴导弹危机回忆录[M].复旦大学历史系拉丁美洲研究室,译.上海:人民出版社,1977:8.

白美国不惜一战的决心。美国方面故意将封锁（blockade）动作称为"隔离"（quarantine），因为"封锁"这一字眼从技术的角度来看是一种战争行为，可能会激怒苏联。

1962 年 10 月 22 日，肯尼迪向美国和全世界发表广播讲话，通告了苏联在古巴部署核导弹的事实，宣布从 10 月 24 日开始对古巴进行"隔离"。他要求赫鲁晓夫将导弹撤出古巴，并宣称"从古巴发射的任何导弹将被认为是苏联向美国的攻击"①，就会导致对苏联的报复性攻击。总统讲话后，美国人顿时一片惊慌和恐惧，超市的物品被抢购一空，纷纷准备躲进防空洞。1962 年 10 月 24 日，在 68 个空军中队和 8 艘航空母舰护卫下，90 艘军舰从佛罗里达到波多黎各布成弧形封锁古巴海域。同时，美国导弹部队奉命处于"高度戒备"，剑拔弩张地准备打一场全球性的核战争。

美苏双方以硬对硬，剑拔弩张，各不相让，局势的紧张程度真的已到了碰线即发的地步。而如果苏联船只和潜艇真去撞线闯关，肯定必打无疑，在这种情况下，即使是美国总统，也没有办法控制事态的发展。面临如此严峻可怕的局面，肯尼迪总统尤为紧张。据他的弟弟鲍勃后来写道："这几分钟是总统最担心的时刻，他把手抬到自己的脸部，捂住自己的嘴巴，然后攥紧拳头。他的眼神很严厉，几乎到了阴郁的程度，而我们大家只是隔着桌子面面相觑。世界是否已经到了一场大灾难的边缘？我们是否做错了什么？……我觉得我们正站在悬崖的边缘，仿佛没有了退路。"②为了谨慎起见，肯尼迪亲自指挥"隔离"措施的实施，掌握危机的每一个细节。

在人类处于核毁灭战争的边缘时刻，美苏两国领导人都表现出了对战争的谨慎态度和对和平的渴望。

1962 年 10 月 26 日，晚上出现转机，肯尼迪收到赫鲁晓夫一封长信，后者用带私人情感的词语透出对战争的恐惧以及透露了谈判的可能性。

---

① 罗伯特·达莱克.肯尼迪传[M].曹建海，译.北京：中信出版社，2005：367.
② 同上注，第 369 页。

他表示,如果肯尼迪答应永不入侵古巴,同时移除在土耳其的美国导弹,他愿意撤下在古巴的苏联导弹。

1962年10月27日,早晨,美国海军对一艘苏联核潜艇投深水炸弹,核潜艇上的舰长以为战争已经爆发,决定发射舰上的核导弹,但是三副执意不同意(按当时苏联核潜艇规章必须三位最高军官一致同意才能发射)。与此同时,在古巴上空,美国一架U-2侦察机被苏制萨姆-2防空导弹击落,飞行员当场殒命,核大战一触即发。几乎所有人都预料美国会在数小时内进行报复。肯尼迪的大多数幕僚都主张战争升级,强烈要求以牙还牙。但是肯尼迪思考再三终于冷静下来,他推迟授权对古巴的萨姆导弹基地进行报复性打击,而是决定继续谈判,授权其弟弟罗伯特·肯尼迪秘密与苏联驻美国的大使谈判。他担心鲁莽的军事行动和政治上不善妥协所带来的后果。

1962年10月28日,秘密外交谈判成功。美国同意了苏联撤出导弹换取美国承诺不入侵古巴的建议,肯尼迪给赫鲁晓夫写回信予以确认。赫鲁晓夫在肯尼迪咄咄逼人的核战争威胁之下,向苏联人民公开宣读了写给肯尼迪的信,正式宣布苏联从古巴撤走全部导弹和部署导弹的军事人员。消息一出,轰动世界,美国人纷纷奔走相告,欢呼雀跃。肯尼迪马上给赫鲁晓夫写了一封不无得意味道的短信:“我认为对维护和平负有重大责任的你和我都知道,局势的发展本来接近使事态无法驾驭的地步,因此我欢迎这次来信,认为这是对和平的重大贡献。”①

通过“惊魂十三天”的细节对肯尼迪在处理战争危机那一刻的形象、细腻的刻画,历史也变得清晰了起来,历史的“至味”就在鲜活的人物刻画中获得了“升腾”。在这里,我更想获得的是,通过历史人物的心理刻画和历史事件的细节描述,让同学们在情感和态度方面,有一种情怀和判断——寻求和平比发动战争更需要勇气。

历史之用不仅在于提供“前车之鉴”和敲响“警世之钟”,更在于滋养人生。也只有透过人物情感与思想的分析,才能激发学生学历史的兴趣。这就要求中学历史教学改变传统的以事件为中心的教授方法,尽可能将历史中生动复杂的情感展

---

① 杨光斌,赵少秋.大器早殒肯尼迪[M].北京:学苑出版社,1996:209.

现给学生，以培养学生基本的人文素养。

三、于史料解读中彰显历史的"真味"

　　史料可以反映历史的本来面貌，它是我们发现历史、解释历史的依据。史料是史学的基础，认识历史和重建过去，都离不开史料。离开了史料，历史知识就成了无源之水、无本之木。正如《普通高中历史课程标准（2017 版）》中关于历史学科核心素养之一"历史解释"内涵的阐释："以史料为依据，对历史事物进行理性分析和客观评判的态度、能力与方法。"[①]通过历史课程的学习，学生能够知道"历史解释是以时空观念为前提，以史料依据为支撑，以历史理解为基础有意识地对过去提出理性而系统的具有因果关系的叙述"[②]。所以，高中历史教学中，要注意引导学生联系历史人物或历史事件发生的时代特征、史料的来源与可信度等因素进行综合全面的分析。例如，我在"儒家文化的影响"的教学中用了以下史料来训练学生的历史解释能力。

　　（2016 年杨浦区二模卷）西方人眼中之儒学形象（25 分）

　　材料一：中国人以儒教治国，有着大量的文献，远比其他教派更为著名。就个人来说，中国人并不选择这一教派，他们毋宁说是在研究学问时吸收它的教义。他们不相信偶像崇拜。事实上，他们并没有偶像。然而他们却的确相信有一位神在维护着和管理着世上的一切事物。他们也承认别的鬼神，但这些鬼神的统治权要有限得多，所受到的尊敬也差得多。真正的儒家并不教导人们世界是什么时候、什么方式以及由谁创造的。……的确，很多人都断言这种礼仪的最初创立与其说是为了死者，倒不如说是为了生者的好处。孔庙实际是儒教上层文人唯一的庙宇。他们不向孔子祷告，也不请求他降福或希望他帮助。他们崇敬他的那种方式，正如前述的他们崇敬祖先一样。……儒家这一教派的最终目

---

① 中华人民共和国教育部制定. 普通高中历史课程标准（2017 版）[S]. 北京：人民教育出版社，2018.

② 徐蓝，朱汉国. 普通高中历史课程标准（2017 年版）解读[M]. 北京：高等教育出版社，2018：60.

的和总的意图是国内的太平和秩序。他们也期待家庭的经济安全和个人的道德修养。

——《利玛窦中国札记》，中华书局 2010 年版

材料二：18 世纪后期，德国哲学家赫尔德公开站出来反对"中国癖"，认为中国社会尚处于"幼儿期"，根本不值得学习。德国哲学家黑格尔更从孔学（宋明理学）"灭人欲"中看到了中国文化和社会对个性的忽视和摧残，甚至把中国文化贬低为世界文化中最低级的文化。英国经济学家亚当·斯密更在《国富论》中将孔学的农本主义思想作为反面典型批判，以推销他的重商主义理论。

材料三：（截至 2015 年 12 月 1 日，全球 134 个国家（地区）共建立 500 所孔子学院，分布在 125 个国家和地区。汉语、孔子、中国，连成一体，把中国的语言、文化，把中国的过去、现在和未来，把中国的友好传达向全世界各个角落，不分种族，不分国籍。）

美国哈佛大学教授杜维明说："2560 年前孔子诞生，是人类文明史上的大事。一生既无政治权威又无经济资本的孔子，带领七十二贤人和三千位青年才俊，以德性伦理、经世致用和人格全面发展的教育理念，从曲阜走向中原，形成了中华民族自我理解和文化认同最有塑造力的思潮。现在，儒学不仅是中国的，也是越南的、韩国的、日本的，是东亚文明的精神体现。"

——环球侨讯

（1）概括西方人眼中儒学形象的变化。（3 分）

（2）你如何理解哈佛教授所说的"（儒学）是东亚文明的精神体现"？（7 分）

（3）谈谈你对"西方眼中儒学形象"变化的理解。（15 分）

第一个问题考查学生阅读材料并提炼观点的能力；第二、三个问题则是考查学生正确理解分析各种材料的历史解释能力。我引导学生尝试从时代、来源、立场和国力等多方面，说明导致这些不同解释的原因并加以评析。

附学生仇某的课堂临场分析：

其一，西方眼中儒学形象有其自身的局限性。由于东方西方本身远

隔万里,在信息不通畅的时代,西方人对儒学的印象是模糊的,于是就产生了过高评价及过低评价的情况。

其二,在此基础上,西方学者依据个人的好恶或为了自己的学说而对儒学进行评价,这与材料二中所提及的情况一致;另一个例子是伏尔泰因对开明君主制的推崇而赞扬儒学,这些看法常是片面的。

其三,西方世界对东方的了解是逐步深入的,故不断产生变化,这与西方自身所处的时代有关。在文艺复兴运动及其后续,因为西方的生产力尚不发达,儒学在中国的适用性也可适应西方的情况,西方对儒学常是赞扬的。在工业革命之后,由于西方的生产力进步,这样的思想逐渐不再适用,而成为新思潮的对立面而常被批判。在现代,由于西方文明有其缺陷,东方思想反而成为救病良药,故远播海外。

其四,西方世界对儒学的看法与中国的状况与开放程度有关。这一点与之前的第一、二部分是相关的,即西方人在全面了解东方文明之后才能对儒学作出一个客观公正的评价,而不是如几个世纪之前的一般片面。而中国的国力是否强大也对西方人的评价产生影响,黄金时期的明朝中后期,经济社会发达,故西方人有较好的评价,而清代闭关锁国,科学技术逐渐落后,儒学就成为"有害"的学说。由此可见,文化的传播与国力有关,只有国力富强,才能更好地保护与发扬自身的文化。

我就上文也当场进行了及时点评:这篇分析角度多元,紧扣材料,有效组织和运用相关材料提出自己的解释;层次清晰,语言精练,能够辨识历史叙述者的原意,理解历史叙述与历史事实之间的差异;若能结合儒学思想的内涵阐释其与时代诉求之间的关系,可能更有助于理解其形象变化。

历史丰富多彩,历史跌宕起伏。历史教学如何在呈现昨天的"实然"的往事过程中,借助那些曾经的故事、人物,通过史料实证去加以理解和解释,让历史课充满历史的魅力,洋溢历史的味道,从而在叙事、习得、求真的同时,去悟法、得道、怡情,进而滋育学生的学科素养? 我们还在探索的路上!

课例："早期的西学东渐"教学设计

俞仙芳老师曾经参加"上海市中青年教师教学比赛",开设了"早期的西学东渐"一课,本课最大的亮点就是设计了利玛窦的来华活动路线与沿途他所在城市的所感所思这一环节,通过一手史料《利玛窦中国札记》和《利玛窦书信集》,关注了人物心理活动的细节,让学生深刻地体会到利玛窦来华之后所经历的艰难的心路历程:从改穿僧服被广东民众猜忌时的内心孤苦,到改穿儒服被南昌士人接纳后的内心忍耐,再到将天主教比附儒学被南京权贵赞誉后的内心谨慎,最终因敬献科技等礼单引发皇帝的兴趣而受推崇之后的内心隐忧。学生由此理解了早期中西异质文明碰撞的艰难。

附录:"早期的西学东渐"教学设计

执教者:上外附中　俞仙芳

教学立意

中西异质文明碰撞的艰难

教学目标

知识与技能: 知道 16 世纪世界变革与早期西学东渐的关系;掌握早期西学东渐的特点与重要成果;理解早期西学东渐在文明交往史上的地位。

过程与方法: 学生通过利玛窦的活动经历把握整个西学东渐的过程,了解到认识历史需要关注人物细节,从历史情境的相关想象中学会还原历史的基本方法;学生在利玛窦来华意图与实际效果的反差中学习用"动机与效果"解释历史;学生在"中西异质文明为何两两相遇却不相融"的讨论中,学习结合世界局势与中国现实的双重视角解析评价历史的方法。

情感态度价值观： 通过本课的学习,学生在情感上对利玛窦与徐光启在文化交流中所体现的精神品质有所共鸣;在态度上把东西方文化的碰撞与交融视为历史的进步趋势;在价值观上对异质文化交往的方式有所思考,树立开放包容、自信温和、和而不同的现代意识。

教学重点与难点

重点： 中西异质文明碰撞的过程。传统的区域文明突然碰撞会出现什么? 一群人如何对待陌生的另一群人? 这些问题需要在事件的发生、发展乃至结局的原本过程中来回味和体会,分析细节的过程是历史知识的掌握过程,更是后续问题思考的基础。因而,我将"中西异质文明碰撞的过程"作为本课重点。

难点： 反思中西异质文明相遇却不相融的原因。对此问题,学生思维上存在以今非古的倾向,容易简单地谴责古人的闭关锁国与愚昧落后,而缺乏历史的同情与谅解。因而,巧设伏笔,学生在深入历史中学习解析评价历史的方法才能达到预期的目标。

教学过程

导入新课：

材料1：利玛窦的课程表

材料2：16世纪欧洲人所绘世界地图——《寰宇全图》

利玛窦,耶稣会传教士,一位上知天文下知地理的饱学之士,他如天外来客般,沿着新航路开辟的路线,踏波8万余里,东来传教,带来了早期的西学东渐。

讲授新课：

一、艰难接纳：利玛窦北上之路——中西文明两两相望

1. 广东肇庆

材料3：利玛窦改穿僧服图

材料4：广东民众的猜忌——**猜忌的原因?**

材料5：利玛窦内心的孤苦

2. 江西南昌

材料6：利玛窦儒服图

材料7：士人的接纳——**利玛窦与士人之间有怎样的错位理解？**

材料8：利玛窦内心的忍耐

3. 留都南京

材料9：《天主实义》中的典型翻译

材料10：权贵的赞誉——**赞誉的出发点？**

材料11：利玛窦内心的谨慎

4. 皇城北京：

材料12：利玛窦的敬献礼单

材料13：皇帝的兴趣——**对利玛窦的角色定位？**

材料14：利玛窦内心的隐忧

问题小结： 利玛窦来华的动机与实际效果之间有怎样的反差？

二、相互合作：西学广泛传入——中西文明两两相遇

1. 对西学传入情况作简单介绍。

2. 以比较的方式重点解读以下两大成果：

材料15：《华夷图》与《坤舆万国全图》

材料16：《九章算术》与《几何原本》

问题： 上述两者之间分别存在怎样的差异？

（说明：地图中蕴含着不同的世界观，数学中蕴含着不同的思维模式与文化传统。通过两个领域的比较，学生认识到中西文化之间的差异，感悟中西异质文明若能在此时不断交流融合是非常大的历史进步。）

3. 被忽略的两个成果：推广甘薯种植与引进红夷大炮

三、交流中断：西学的后续遭遇——中西文明两不相融

1. 从西学实际传播度看时人态度

材料17：《坤舆万国全图》：装裱为屏风，万历皇帝的奇玩

《几何原本》：一部隔了250年才译完的书

甘薯：广泛推广，助燃明末"人口爆炸"

红夷大炮：受封为"大将军"，争相改进

问题： 以上成果可以分为哪两种类型？它们的不同待遇折射了时人怎样的西学态度？

（说明：《坤舆万国全图》和《几何原本》蕴含着西方文化观念，代表西学之"体"。甘薯与红夷大炮是技术，代表西学之"用"。从两类西学成果传播的强烈反差中，学生明白时人对西学是重用轻体，预示此次西学传入的脆弱性。）

2. 在上述铺垫下，简单交代最终结局：康熙时期礼仪之争后交流戛然而止。

四、学生讨论： 从接纳到合作再到中断，中西异质文明两两相望，两两相遇为何终不相融？

尾声： 历史的悲叹！

1. 叹利玛窦与徐光启之抱憾而终

2. 两人墓碑来来回回被砸又修——叹中西异质文明对话之艰难

第七章

巧设切点　见微知著

人类的生活,横着去看,便是社会;纵着去看,便是历史。"如何生动再现漫长丰富复杂的历史"始终是横亘在每个历史教师面前的难题。把教学作为一项创作,进行精巧的构思,挖掘独特的教学资源,由"宏大叙事"的超然视角转变为"见微知著"代入视角,以小见大,以局部洞察全局,才能深入了解历史事件的细节和历史人物的内心世界,让学生感受人类历史的博大精深。

笔者连续执教了 15 届高三历史毕业班,每每步入高三总复习阶段,通常的策略往往是在上一轮基础性复习的基础上,从时序关系入手进行纵向沿革的梳理,或者从空间关系入手进行横向比较的整理,或者从逻辑关系入手进行多向交互的揭示。无论是纵向梳理,横向比对,还是多向揭示,都离不开激活旧有的基础性历史知识。唯其如此,却让我们陷入一种教学与学习的窘境,那就是在专题、国别、时空梳理和整合的前提下,依然是炒旧知识的冷饭,并在"堆砌式建构"的基础上,进行"题海式扫荡"。这种复习,非但让学生陷入发展的"迟滞"状态,而且老师也陷入了难以自拔和超越的"怪圈"。

　　近几年,我针对上海市和全国历史高考在命题立意、题型特点等方面的变化,尤其是常常出现的那种"从小处入手,从大处联系,从深处思考"的问题,试图以改变总复习的选题策略作为突破点,发掘提升复习教学效率的"生长点"。在此,我以一堂"法德关系"的专题复习课为例与大家分享我的设计思路和实践实况。

一、变宏观叙事为微观切入

　　人类的生活,横着去看,便是社会;纵着去看,便是历史。"如何生动再现漫长丰富复杂的历史"始终是横亘在每个历史教师面前的难题。教学,不是照本宣科的讲述铺陈,不是教学材料的简单堆砌,而是在建造一个有思想、有情感的精神殿堂。在这个传道、授业、解惑的"殿堂"中,师生共同获得成长。我把教学作为一项创作,进行精巧的构思,挖掘独特的教学资源,让学生感受人类历史的博大精深。

　　这节课的设计思路就是基于此教学理念。长达一千多年的德法关系嬗变,要在一节课的有限时间内清晰地对其进行"素描"绝非易事,既要避免平铺直叙式的宏观叙事,又要能激发学生探究历史的兴趣。因此,我一直在寻找一个切入点,一个既微观,又具体的切入点,能将"德法关系"厘清,能清晰观察其每一条纹路的切入点。无意间,我在地理杂志上看到一篇对法国城市斯特拉斯堡的介绍,迅速被其历史的厚重感所吸引,经过深入研究发现,这座城市的多舛命运正是德法两国关系的缩影。教学创意一下子就有了——"一花一世界"! 由斯特拉斯堡的历史归属变化,引导学生管窥德法两国关系的历史图谱,理解时代变迁和历史文化的碰撞与互动是两国关系从敌对走向和解的主要因素。

首先,通过观察斯特拉斯堡地理位置——今天法国阿尔萨斯首府,位于莱茵河畔的法德边境;地形特征——侧临莱茵河,背依南德高原,面对北德平原,是历史上德法两国共有的要冲和防线,从而理解小城军事与地缘战略的重要性。再通过解析斯特拉斯堡民族成分和语言分布图表——86.8%的阿尔萨斯-洛林人母语为德语(1900 年数据),发现小城文化要素的多元性;通过浏览斯特拉斯堡建筑风格,公交车站的德语标识,阿森纳足球教父——温格的法语和德语姓名等有趣的现象,认识小城历史传统的相融性。从而发现斯特拉斯堡在德法关系中处于地缘交集和文化交融之地,为后续教学环节中的问题解释做好了铺垫,埋下了伏笔。

其次,从斯特拉斯堡放眼整个阿尔萨斯-洛林地区,这里是德法之间,乃至整个西欧的重要矿产和近代钢铁基地,引导学生思考德法两国关系史上,尤其是双方战争中屡屡将斯特拉斯堡作为争夺焦点的经济动因。然后再回头聚焦斯特拉斯堡中世纪曾经的辉煌。作为中世纪后期城市复兴与自治典型,斯特拉斯堡曾经出现过登峰造极的繁荣:特殊的地理位置和便捷的交通条件造就小城成为重要的商贸中心;商品经济的发展、城市的自治和相对自由的环境孵化出了走出过 20 位诺贝尔奖得主的欧洲人文主义学术中心斯特拉斯堡大学;[①]矗立于小城广场的古腾堡塑像更是为人们讲述着这里作为神圣罗马帝国境内早期印刷中心的往事。这些都为解读历史上德法之间何以屡屡战争,小城何以屡屡易主提供了重要的历史解释视角。

---

① 百度百科.斯特拉斯堡大学[EB/OL].[2019 - 08 - 19]. https://baike. baidu. com/item/%
E6%96%AF%E7%89%B9%E6%8B%89%E6%96%AF%E5%A0%A1%E5%A4%A7%
E5%AD%A6/4467207.

二、由小处入手，从大处联系

以"古城斯特拉斯堡的千年变迁"为主线，截取斯特拉斯堡归属变化的几个关键点，通过"小城归属之变"，反映"德法关系之变"，折射"欧洲格局之变"。引导学生对两国关系的嬗变加以深度分析。

关键点一： 中世纪前期，小城在欧洲各国交融纷争中的归属轮转与发展。

师：小城斯特拉斯堡的历史最早可追溯到公元前后的古罗马时期，而德法的历史呢？

生：法兰克王国。

师：嗯，德法历史上是一家，同属于法兰克王国，可谓是"同宗同源"。但是随着查理曼帝国的分裂，于是有了德法两国的雏形。

师：请大家仔细观察《查理曼帝国疆域与分裂图（843年）》①，这时的小城斯特拉斯堡归属哪个国家？

生：中法兰克王国。

师：也就是说，当时既不是法国的，也不是德国的，而是意大利的！

生：（纷纷表现出惊讶的样子）

师：请大家再来观察《高中历史第一分册的历史地图册》第27页《封建统治下的欧州》，这个时候又有什么变化呢？

生：已经纳入德国的版图了。

师：结合之前学过的世界古代历史，9世纪中叶的欧洲中世纪政治制度是什么？

生：封建等级制度。

师：国王的权力如何？国家是一种什么状态？

生：国王的权力很小，封建领主坐大。国家处于分裂割据状态。

师：很好！正是由于当时的封建割据，边界领土不清，各国之间交融与纷争，小城斯特拉斯堡在多国之间易手。

---

① 百度百科. 神圣罗马帝国图册[EB/OL]. [2019 - 08 - 19]_https://baike. baidu. com/pic/%E7%A5%9E%E5%9C%A3%E7%BD%97%E9%A9%AC%E5%B8%9D%E5%9B%BD/677929.

在教师简短的设问互动过程中，清晰地勾勒出中世纪前期（即9世纪至16世纪）小城斯特拉斯堡的归属轮转：查理曼帝国——中法兰克王国（意大利）——西法兰克王国以及之后的神圣罗马帝国（德国）。而且在复习旧知时又引导学生认识到：这一时期小城的归属轮转与中世纪封建割据、领土纷争的时代特征密切相关。

在德国统治的700多年中，小城斯特拉斯堡凭借它独特的地缘优势发展成为欧洲的经济重镇、文化重镇和军事重镇，呈现出一派繁荣景象。同时也折射出德法两国这一时期相对和平、稳定的关系。

关键点二： 近代五次战争中小城斯特拉斯堡在德法之间轮番易手与重创。

我聚焦17世纪之后的五大战争，从三十年战争到拿破仑战争，从普法战争到两次世界大战。从威斯特伐利亚体系到维也纳体系，从凡尔赛体系到雅尔塔体系，旨在简要勾勒德法关系、欧洲格局、世界体系的同时，反复回溯和定格小城轮番易手、悲情离乱的惨痛经历。

我为了突出这几场战争给斯特拉斯堡留下的深刻历史印记，特意选择了几张与战争有关的斯特拉斯堡图像史料：

图 7-1

图 7-2

1918年11月22日法军进入斯特拉斯堡

图 7-3

美英盟军轰炸后的旧城废墟 1944

图 7-4

透过这些图像史料的视觉冲击,让学生们感受到德法之间数百年的战争厮杀使小城曾经的富庶与繁华成为过眼云烟,成为悲情离乱之地。

关键点三: 二战后,在德法和解合作中小城斯特拉斯堡获得重生。

二战后,德法之间化干戈为玉帛,开启了和解合作的新篇章,推进了欧洲一体化进程。斯特拉斯堡因其德法文化交融和欧洲交通枢纽的特殊身份成为欧洲委员会、欧洲议会以及欧洲人权法院的首选之地,与布鲁塞尔、日内瓦并称为"欧洲之都"。

由此可见,我在长时段、大时空中引导学生从小城斯特拉斯堡的归属轮转中管窥德法关系的历史谱系,并帮助学生建构了如下的一个知识结构:

表 7-1

时间	德法关系	斯特拉斯堡
9 世纪中叶后	交融	发展
17 世纪后	宿敌	离乱
20 世纪中叶后	合作	重生

"一花一世界"的教学创意是由"宏大叙事"的超然视角转变为"见微知著"代入视角,以小见大,以局部洞察全局,才能深入了解历史事件的细节和历史人物的内心世界,从而引导学生拨开重重迷雾,贴近真实,走入历史。

课例： 见微知著时代潮之"新文化运动"

　　同样在 10 年前，上海市历史特级教师周飞老师开设的一堂公开课"新文化运动"可谓"巧设切点，见微知著"的经典教学案例。近一个世纪前的新文化运动，是在辛亥革命这场超越中国历史改朝换代的千年路径之后，却又由于帝制复辟、军阀混战、社会危机，刚刚看到希望的人们，在严酷现实面前痛感迷茫、浮躁和阵痛的历史时刻，一些先进的知识精英掀起的一场前所未有的思想启蒙和解放运动。如何在课堂上再现近百年前那场精神日出的历史现象，并在感知真实的事件、人物的过程中获得新的思想与情意的洗礼与启示呢？很显然，如果直接告诉学生历史背景是什么，从概念到概念，学生就不会触摸到历史的温度，不会有心灵的震撼。

　　周飞老师在收集史料过程中，意外发现胡适先生曾在晋元中学短暂任教（工部局华童公学 1910 年）的记录，作为新文化运动的亲历者，胡适留下的大量日记和书信，无疑是对那个时代的真实记录，使我们能够了解并感受新文化运动。周老师巧妙地开发了上海市晋元中学的校友——胡适这一新文化运动代表人物的教学资源，以"胡适日记"为载体和切入点，翻开尘封百年的日记，走进当时的历史，回到那灾难深重的旧中国，深入历史人物的内心世界，只有这样，才能从那些活生生的历史人物留下的足印中体悟到他们的内心世界和精神家园，从而引导学生走入历史，捕捉到这场思想解放运动客观真实的历史轨迹。

附录：

见微知著时代潮："新文化运动"之教学设计

　　执教者：上海市晋元高级中学　　周飞

内容主旨

　　新文化运动是一场伟大的思想启蒙和文化革新运动，正是有了人的觉醒，才有了马克思主义的传播和五四运动的发生。当我们回眸那段壮丽的精神日出时，并非只是为了忘却的纪念。一个世纪前《新青年》点燃了民主与科学之火，擂起了思想解放的战鼓，今天，任重而道远，我们依然要在它的光辉照耀下继续前行。

教学目标

以"胡适日记"为切入口，围绕"新文化运动"这一主线，了解新文化运动兴起的背景，掌握新文化运动的缘起、发展和影响。通过引导学生对运动的思考，培养学生分析历史问题的能力。通过对"新文化运动"发展过程的层层分析，引导学生对史料进行分析和解读，做到论从史出，让学生感受"从历史中学习历史"，培养学生史学基本素养，拓展学生的视野。

重点难点

重点：重温这段历史，使学生感受陈独秀等先进知识分子那以天下为己任的胸怀和为救国救民不断追求真理的精神，培养学生的爱国主义精神和社会责任感。

难点：通过对新文化运动所倡导的民主与科学的内涵和意义的不断探究，学生能够认识"人的解放"的重要意义，增强自身的科学态度与人文素养。

教学过程

环节1：以"两则胡适日记"导入新课

图 7 - 5

图 7 - 6

设计意图：胡适不仅是新文化运动亲历者，而且他留下的大量日记和书信是对那个时代的真实记录，使我们能够通过一个青年的视角深入了解感受新文化运动,我之所以这样处理,意在通过真实的材料和作为新文化运动亲历者的胡适在不同时期心态变化的字里行间,使学生体悟出辛亥革命前后国家的时世之变,以及这种时世之变对于一个活生生的知识分子思想之变的影响,从而引导学生深入理解新文化运动发生的时代背景。

环节 2: 我在讲新文化运动背景时展示了华童公学师生老照片

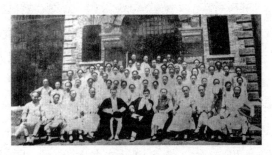

图 7－7

设计意图:引导学生观察照片中间不可一世的外籍校长,意在探究胡适苦闷的缘由,揭示民族危机深重的时代背景。

环节 3: 师:这是胡适日记中的一个目录,我们可以从中解读出什么信息?

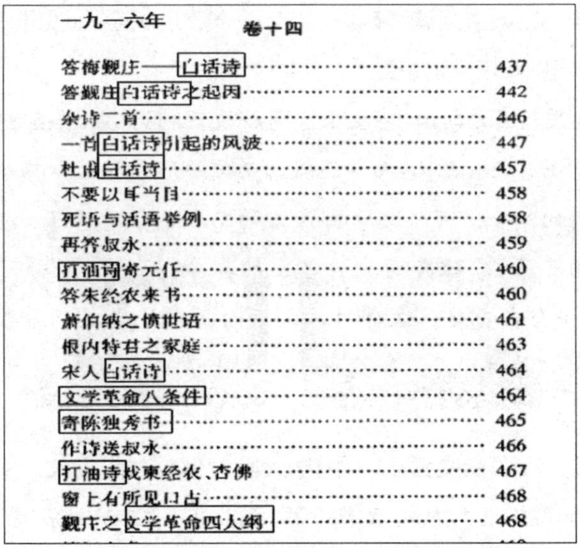

一九一六年

卷十四

图 7－8

生1：胡适开始创作白话诗。

生2：胡适与陈独秀有书信联系。

生3：胡适给《新青年》投稿。

师：好，我们可以发现胡适在1916年关注的重点从国内时局转移到了文学改良。胡适受西方写实主义文学影响，深感中国文学脱离了现实和群众，于是产生了"文学革命"的主张，并切身尝试用白话写诗，向《新青年》投稿，与陈独秀通信，多次谈到国内文学的种种弊端。陈独秀很敏锐，马上找到了新文化运动从"小众"到"大众"的突破口，预言"中国文学之雷音"将在神州大地震响。

设计意图：让学生理解以胡适的《文学改良刍议》为肇端的文学革命是一种具有战略意义的选择，即以"文学革命"作为新文化运动的突破口，使新文化运动从"小众"扩展到"大众"，为新文化运动打开新局面，推向新的高度。文学革命反对文言文，提倡白话文，通过文学去启迪国民心智，进行思想启蒙，为民主和科学的传播与普及提供了文化载体，给了广大的人民群众一种便捷的工具，让文学不再只是少数人的奢侈品，其影响力成千上万倍地扩大了。文字与文体的解放背后，是精神的解放与思想的自由，这是新文化运动中最彻底也是成绩最高的一个部分。

环节4：让大家朗读了两段文字，一个选自胡适的《文学改良刍议》，一个选自鲁迅的《狂人日记》。

设计意图：通过朗读，学生很容易就发现，虽然胡适倡导白话文，但是他的文章还有文言意味，而鲁迅将白话文的形式和反封建的内容进行了一个很好的结合。那么文学白话文的路径就很清晰了：胡适倡导文学形式上的变革，陈独秀响应内容上的革命，而鲁迅进行了完美的实践，将两者结合在一起。这个白话文运动马上就变成了席卷全国的一大运动，这把"德先生"、"赛先生"从象牙塔中引入到广大的民众中去了。

环节5：在白话文运动中，国学大师黄侃反对白话文。有一次上课攻击胡适，他说胡适的太太如果死了，用白话文发电报，就是"你的太太死了，赶快回来啊！"，11个字。而如果用文言文，叫作"妻丧速归"，只需要 4 个字，还省电报费。 随后胡适就进行了巧妙的反击，他跟学生讲："南京国民政府要请我当国务秘书，但是我立志求学从教，不愿从政，你帮我写一份电报用文言文婉拒。"结果学生写好了收上来，最好的一个写"才疏学浅，恐难胜任，恕不从命"，他说写得很好，但是他用白话文更好——"干不了，谢谢"。

设计意图：我设计的这个教学片段起到了制造课堂高潮的作用，激发了学生学习兴趣，同时也为教学服务，让学生明白，无论文言文还是白话文，只要用词精练，都能言简意赅。

环节6： 为了说明蔡元培先生倡导的"兼容并包，思想自由"的办学理念，我用了一幅油画《北大钟声》，当时中国思想界熠熠生辉的 16 个人物全在里面了：有穿长袍马褂的辜鸿铭、刘师培、黄侃等国学大师，也有西装革履的陈独秀、胡适等洋学者。

图 7-9

设计意图：这幅画让学生一看就明白了：传统与新派各种思想在北大自由传播、激荡与碰撞，使北大成为当时思想文化的高地。优秀的艺术作品是历史的形象记录，是对时代最为全面、最为深刻的把握。应该用生动的语言、先进的信息手段去充分展示历史文化之美，让学生去欣赏、去体验、去感悟。

环节 7： 讲"打倒孔家店"，我举的例子就是胡适的婚姻，胡适 1917 年回到北大当教授后，尊奉母命，完成十三年前的婚姻约定，娶了个没什么文化的小脚女人。一个回国的洋博士娶个这样的女人，社会舆论一片哗然，这在当时被列为民国七大怪事之一。

旧约十三年
环球七万程
　　——胡适

图 7－10

设计意图：形成认知反差，胡适曾经创作过中国第一部白话剧本，叫作《终身大事》，其中核心内容就是呼唤自由恋爱、婚姻自主，正因为他对封建礼教压迫的感同身受，对"三纲五常"的十分痛恨，才会发出"打倒孔家店"的呐喊。

环节 8： 用陈独秀的一句话做总结：新文化运动是人的运动。

设计意图：教材上有对新文化运动的评价，但是我觉得用运动当事人的话更贴切，因为正是由于新文化运动，才有了中国人的思想解放，才有了像毛泽东这样的一代新的领袖的出现，改变旧的社会，中国才发生了根本性的转折。

资料附录

材料 1："此种苦礼，乃施诸习于自由之余，其何以堪耶！"（1910）

胡适致胡绍庭书（1912 年）：祖国风云，一日千里，世界第一大共和国已呱呱坠地矣……。吾恨不能飞归，为新国效力耳。

（1915 年八月十八日论袁世凯将称帝）"将不可避免地造成他最终之垮台"；……"不管袁先生当不当皇帝，这并不影响少年中国之进程，少年中国正在为中国建立真正之民主而努力奋斗"。

摘自《胡适日记全编》,曹伯言整理,安徽教育出版社 2001 年 10 月出版。

材料 2： 晋元高级中学校史陈列室"华童公学教工合影"。

材料 3： 摘自《胡适日记全编》,曹伯言整理,安徽教育出版社 2001 年 10 月出版。

材料 4： 今之谈文学改良者众矣！ 记者末学不文,何足以言此。然年来颇于此事再四研思, 辅以友朋辩论, 其结果所得, 颇不无讨论之价值。 因综括所怀见解, 引为八事, 分别言之, 以与当世之留意文学改良者一研究之。

——胡适《文学改良刍议》

我翻开历史一查, 这历史没有年代, 歪歪斜斜的每页上都写着"仁义道德"几个字。 我横竖睡不好, 仔细看了半夜, 才从字缝里看出字来, 满本都写着两个字"吃人"。

——鲁迅《狂人日记》

材料 5： 摘自《民国那些事儿》,史冷金著。

材料 6： 沈嘉蔚,1988 年,中国国家博物馆藏。

材料 7： 正因为二千年吃人的礼教法制都挂着孔丘的招牌, 故这块孔丘的招牌——无论是老店, 是冒牌——不能不拿下来, 捶碎, 烧去！

——胡适《吴虞文录序》

材料 8：《新文化运动是什么? 》,《新青年》第七卷第五号。

第八章

问题驱动　激活思维

　　历史学科旨在考查学生的历史思维能力,其中涉及识别材料中的客观性事实和主观性认识、判断材料的真实性和权威性、从不同视角解释历史等思维能力。所以教师巧妙设计问题,在问题驱动下激活学生的思维,才可能最大限度地培养他们"像历史学家一样"去学习和理解历史。

课堂，不是教师单向教化学生的道场，而是一个充满情感和理性的文化生态场。历史学科旨在考查学生的历史思维能力，其中涉及识别材料中的客观性事实和主观性认识、判断材料的真实性和权威性、从不同视角解释历史等思维能力。所以教师巧妙设计问题，通过引趣、激疑、导思、探究等教学互动，学生的心智被一次次地激活，并在教师的引导之下，层层深入、渐入佳境，使学生在这种感受中自然地形成正确的历史认知，有助于培养学生的历史思维能力，让学生的探究精神和创造性思维得以锤炼，让学生的核心素养得到培育。

一、聚焦素养，设计问题

　　笔者执教"历史文化与时代变迁下的德法关系嬗变"一课时，在探究"为什么德法之间数百年血腥的历史轮回在二战后会'急刹车'，进而走向和解合作?"这一关键问题上，笔者原本是想通过自己的分析——包括德法两国历史的趋同性、文

图 8-1

化传统的相似性、自然资源的互补性、社会制度的同一性,以及历史上冤冤相报的惨痛教训,二战后国际格局的态势,两国联合自强的共鸣等方面展示自己"历史解释"的思路,而且设计了一个自以为完整的结构性思维导图。但是,在试讲过程中我发现,恰恰由于自己越俎代庖抑制了学生思维的发散和情绪的亢奋。经过反复思考,最终确立了在问题驱动下,以相互交流分享的方式培养学生"历史解释"的素养,于是设计了本段开头的问题。

对于历史课堂教学而言,学生不仅是我们培养"历史解释"学科素养的对象,他们更是参与"历史解释"的思想和行为主体。此外,既然"历史解释"的客体或对象是过往的历史事物和现象,那么学生参与解释的就不仅仅是教材的结论或者老师的见解。只有真正将学生视为"历史解释"的主体,在问题驱动下激活学生的思维,才可能最大限度地培养他们"像历史学家一样"去学习和理解历史。

二、把握学情,引导探究

笔者的学校是教育部直属的七年一贯制外国语学校,外语特色鲜明。学校开设了英、德、法等 9 个语种的外语课程,我任教的班级,全班同学从中预年级开始都主修了两门外语,英语加一门非通用语种(英语 + 德/法/日/西)。所以这个班级有学习了 6 年德语和法语的学生,而且都去德法学习交流过一段时间,他们在德法语言交流与阅读方面基本毫无障碍,对两国历史文化也有比较深度的认知。我充分考虑到学生多语种的文化背景,让学生在课前,借助自己所学的德语、法语、英语、西语的语言优势和德法交流的见闻,搜集德法走向和解的原版文献或者口述史料,探究"为什么德法之间数百年血腥的历史轮回在二战后会'急刹车',进而走向和解合作?",旨在希望学生能够通过搜索德法语言的原版文献史料,了解到更多亲历者留下的一手史料和更多的德法两国人民的想法,从而多角度、辩证地做出历史解释。

为了让学生能够在课前落实这一任务,我提出了几点具体要求:

第一,每个学生必须搜集查阅至少一份史料,可以是历史文献、新闻报道、亲历者访谈录,或者欧洲见闻、雕塑等。

第二,摘录你搜集到的史料或观点,并就摘录的史料进行针对性的分析评判,阐明自己的见解。

第三，给予一周搜集准备时间，在上课时每个同学都要进行交流分享。

三、交流分享，激活思维

课堂上，学生们踊跃分享了自己的见解，他们的表现超出了我的预期。首先，学生们的素材来源是多方位的。德法两个语种的学生基本上查阅的都是两国的原始文献，例如条约原文、回忆录、新闻报道等，甚至有学生去找外教和德法的小伙伴，了解他们的观点。西语、日语学生查阅英语、汉语历史文献等。其次，学生们对"德法走向和解的历史缘由"的分析视角也是多方位的。除了大家通常都能想到的，比如战争教训，经济衰弱，美苏冷战等，他们还提出了一些让我喜出望外的新视角。比如有同学提出是康纳德想借助法德和解去遏制德国境内尚未彻底平息的民族主义势力；有的提出是因为德国希望得到法国的谅解，以促进民族统一；有的提出是因为第三世界的兴起，在联合国的席位和影响力加大，德法和解有利于西方阵营团结起来捍卫霸权……

以下摘录部分学生的现场回答：

法语女生：看了两份关于"法德和解"的法语材料后，我认为德法走向和解的因素主要有：两国长期相互仇杀，尤其是二战后法德元气大伤；两国都有政治上的相互需求——西德作为战败国要借助法国争取国际地位，法国也希望依靠西德恢复其大国地位；冷战背景下欧洲联合的必要与美国的推动；两国传统文化、价值观念相近。

德语女生：查阅了网上关于康纳德总理在签订《爱丽舍条约》前的一段讲话，大意是"如果我们不能实现欧洲的联合，德国将前途未卜，因为德国民粹主义的潜在危害远超过人们的认知，欧洲政治危机使得民粹主义分子猖狂起来，他们正在重建自信，重获支持"。我认为，康纳德想借助法德和解去遏制德国境内尚未彻底平息的民族主义势力。

西语男生：看了英国《卫报》上的一篇关于"柏林空运"的历史介绍，我认为在冷战背景下，欧洲和美国的首要任务就是防止更多的国家赤化，联邦德国处于反苏前沿，所以美国和英法都希望联邦德国保存实力，典型的案例就是柏林空运行动中对西德的支持，所以法德和解的重要因素就是冷战。

西语男生：看了麦克尼尔写的《世界史》，我认为，二战后世界格局的变化，第三世界的兴起，在联合国形成一股联合政治势力，而随着德法殖民体系的崩溃，就需要德法两国联合起来，共同代表资本主义国家利益。所以德法和解是世界化背景下的必然战略选择。

德语男生：查阅了阿登纳时期两个重要条约原文，一是《爱丽舍条约》，二是两德统一过程中的《两德关系基础条约》。根据《爱丽舍条约》中的规定，德法两国必须以北约为媒介来加深合作，所以德法和解是西方资本主义阵营的共同利益追求，以及美国调停的结果。另一方面，德国渴望民族统一，并争取到法国的谅解。

法语女生：网上查阅了法语的文献资料，并询问了法语外教。外教认为，法德关系走向和解是必然的。为了维持在国际上的竞争力，法德两国需要放下往昔敌对的关系来在纷繁芜杂、不断变化的国际关系中寻找栖身之地。我认为，大国之间的积怨在利益面前本就是无稽之谈。领导层面面对着的是不断变化着的国际形势，更何况现在美国独占鳌头，发展中的国家虎视眈眈。法德等老牌资本主义国家必须放下偏见"抱团取暖"。

可以说，这一问题的探讨与交流不仅将整节课的气氛推向了高潮，也充分激发了多语种学生的探求冲动和交流热情。不同语种的同学运用所涉猎的法语、德语、英语文献资料，从不同立场与多维角度阐释了德法两国之所以在二战后得以和解，并驱动欧洲联合的诸多历史与现实、人文与自然、宗教与社会等多方面的原因。在多年外语学习的文化浸润与现实历史课堂相互交融中，学生展现出优秀的跨文化思考和理解能力。更重要的是在这种问题驱动、发散生成和交流分享中，"历史解释"学科素养的滋育不仅得以浸润，而且伴随着探讨的深入和发散，"历史解释"学业水平层次也随之而循序跃升，令所有在场的专家和老师赞叹不已。

实践证明，将"历史解释"的学科素养培养过程，转化为问题驱动下的学生自主学习过程，是一种有效的教学途径。

课例:"美苏争霸"之问题驱动

笔者也曾经作为上海历史名师的代表前赴河南郑州参加了中国科协举办的"聚焦课堂"教学展示活动,即与四位河南的历史名师进行同课异构的展示。当时指定的课题是人教版高二下册第四章《美苏争霸》,这一课是第二次世界大战结束后现代国际关系中的"轴心"问题,本课涉及的主要是从 20 世纪 50 年代中期到 80 年代中后期的美苏角逐的历史。在设计这节课之前,我一直在思考着这样一个问题:这节课我到底要告诉学生什么?如何在一节具体、微观的历史课上,演绎和诠释抽象的课程教学目标?

对于"美苏争霸"历史的认识,应该是往事在经过了揉搓、过滤和搅拌之后的一种浮动与升华。而透过对于美苏之间长期对峙的了解,留给学生的应该是驻足聆听昔日的"灾难与幸运",还有深深的咀嚼和久久的回味。而要实现上述目标,必须思考另外一个问题——通过怎样的途径,筛选哪些内容,在"通脱而不空疏,精致且至博大"的情境下让学生的思维泛起点点涟漪,带来学习的灵感和历史的感悟呢?

真实是历史教学的价值基础,求真求实是史学的高贵品格。在我看来,历史教学应该是历史教师心灵的释放,是其灵魂跃动的轨迹,是鸣奏自己的心弦之歌。关于战后两极争霸的历史,由于长期以来意识形态领域的分歧和斗争,许多问题被历史上人为制造的弥彰所掩盖。因此,我想在这节课上首先必须体现史料丰富、言必有据、据必可信、不发空论的原则,其次要体现通过教师设置问题情景激疑促思与学生自主学习联动互补的原则。

以下是我对几则教学片段的诠释:

1. 我是这样与同学们一起进入角色的:

很高兴,今天能在拥有 3 600 年历史的郑州给大家上一堂历史课。历史是玄妙的,历史是人们对往事的一种群体记忆和凝重思考。而这种玄妙的记忆和思考,常常勾起那些并不如烟的故事碎片。记得那是 1962

年 10 月的一个傍晚,月明星稀。在美国,有一对中产阶级夫妇像往常一样,晚饭后准备去悠然散步。不经意间,他们听到一段广播,顿时,下意识地感到,一场灾难和恐怖即将降临。于是匆忙间,准备了足以吃几十年的食品,惊惶地躲到了自家的防空洞里,把出入口全部封死,只带了一台收音机保持与外界的联系。不久,收音机突然不响了,夫妻俩断定,人类的大难降临了。索性打消了出去的念头。一待就是 20 年。后来因老太太的去世,老头想尽一切办法爬了出去,发现外面还是老样子,似乎什么也没发生。

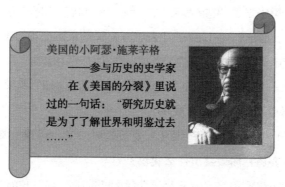

图 8-2

听到这,大家一定感到困惑:他们到底听到了什么样的广播呢?一段广播为什么就改变了他们的人生,20 年生活在黑暗之中,与世隔绝呢?为什么后来男主人出来又并没有看到任何变化?谜底到底在哪里呢?今天我就带大家来了解故事背后的历史,希望同学们能找到答案,并从中获得一点历史的启示。诚如(图示)施莱辛格所说:"研究历史就是为了了解世界和明鉴过去……"

通过这则真实的故事,让学生深切地感受到了核战争威胁下人们的恐惧,同时激发了学生学习"美苏争霸"的兴趣。

之所以引用美国参与历史的史学家——小阿瑟·施莱辛格的名言,一则考虑是让学生明确历史学习的真谛;二则考虑是小阿瑟·施莱辛格亲历了这段历史且是肯尼迪总统的特别顾问,他的观点更具历史的真实性,从而使课堂更具感染力,对学生更有震撼力。

2. 我是这样来讲述"古巴导弹危机"的：

从今天古巴的领导人、传奇式英雄——卡斯特罗说起，追述猪湾事件。猪湾事件后，赫鲁晓夫说："古巴像是扔在加勒比海中的香肠，必须加强其防御能力。"于是以保卫古巴为由决定在古巴建立导弹基地，从而引发古巴导弹危机。

环节一： 通过 FLASH 演示导弹射程情况，使学生能够直观地感受到古巴导弹基地对美国形成的严重威胁：华盛顿等十几个大城市都在其目标范围之内。据美国情报委员会估计，如果苏联用这些武器可以向美国本土一次集中发射 40 枚弹头，几分钟之内 800 万美国人就会丧命。

环节二： 请同学们设身处地去思考解除危机的方案，培养学生分析历史问题的能力。通过一系列问题激活学生的历史思维：

问题一： 苏联在古巴建立导弹基地的真实目的何在？（演示地图：古巴导弹对美国构成的威胁）

问题二： 肯尼迪立即召集官方要员商讨对策，讨论：假如你是其中一个官方要员，你会提出什么建议？

同学们纷纷假设自己是来自五角大楼的将军、负责政府外交的国务卿、国防部官员、美国中央情报局的官员等等，提出了自己富有创设性的意见，大家的思维被激活，课堂讨论气氛逐渐活跃起来。同学们主要提出以下几个方面的意见：

A、静观其变；B、派美军进驻柏林威胁苏联；C、炸毁导弹基地；D、实行海上封锁；E、命令美国中央情报局暗杀卡斯特罗。

教师这时乘机再抛出一个问题：耐人寻味的是，在对外舆论宣传上，美国政府却并没有使用"封锁"这个词，而是采纳了一位法律顾问的建

图 8-3

议，白宫方面将封锁（blockade）动作称为"隔离"（quarantine）。

问题三：你认为是出于什么考虑？（学生回答略）

这个问题对学生来说是有一定的思维难度的，教师可引导学生先从语文的角度来理解这两个词语的区别，再联系当时的历史形势来思考美国政府的用意。在老师的提示下，学生一般都能谈到缓和气氛、避免刺激对方神经等答案，能设身处地地从政治家的角度来处理国家的危机。

教师小结：因为"封锁"这一字眼从技术的角度来看是一种战争行为。可见，当时他们的考虑是既要使苏联撤除导弹，又要避免核战争的爆发。这就是特殊时期的一种冷战思维，既不愿意放弃本国利益，又不愿承担战争的历史责任。

教师的归纳小结使学生的历史理性思维得到了提升。

环节三：播放录像——10月22日晚7点，满脸倦容的肯尼迪向全国发表广播电视演说。让学生更加直观、形象地感受到核战争来临前的人民的恐慌。这时，老师就非常自然地抛出问题：

问题四：听了总统的电视讲话后，设想一下普通美国人的第一反应是什么？

从学生的回答中，都能不自觉地联系到这节课开头的故事。这样，教师开头设计的悬念也便迎刃而解了，教学设计的目的也达到了。

环节四：老师介绍从10月22日到10月27日危机态势的演变、双方领导人的当时心态以及举措。通过对危机当时双方的一系列举动，包括出动的兵力以具体数字的形式告诉学生，双方领导人的具体反应等情节，也尽可能还原历史的真面目，让学生切实体验历史的全过程，并作出理智的分析。

问题五：古巴导弹危机之所以得到控制，主要是哪些因素相互作用的结果？（学生回答略）

学生不难得出以下观点：

第一，美苏核均势，所以对核战争存有共同的恐惧心理。

第二，领导人的理智与正确策略。

第三，苏联实力不如美国。

第四，当时的国际氛围对苏联也十分不利。

这一设计关注了学生获取知识的过程，培养了学生史学分析的能力。

3. 在这堂课的结尾，我设计了一个讨论，启发学生关注世界、关注现实、关注社会。

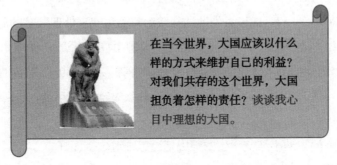

在当今世界，大国应该以什么样的方式来维护自己的利益？对我们共存的这个世界，大国担负着怎样的责任？谈谈我心目中理想的大国。

图 8 - 4

教师小结： 对"心目中理想的大国"的讨论，或许，永远不会有固定的答案。或许，并不是所有的人都已经放弃陈旧的思维模式和全球对峙时代的种种偏见；或许，在未来的 500 年，乃至更长的时间里，世界的发展仍将经受各种考验。当中国在今天的世界悄然崛起的时候，传统的大国用传统的思维定势虚幻地勾画出了所谓文化冲突说和中国威胁论的恐怖未来，面对日本军国主义的梦魇亡灵，美国所谓不落的航空母舰的狂妄喧嚣，印度虎视眈眈的窥视目光，中国应如何应对？我想：理性的判断、审慎的应对、最大限度地降低现代化所付出的社会成本，或许就是这场冷战给我们的永久的精神财富！我们不知道 21 世纪的变化将把大国带向何方，但有一点是可以肯定的：建立永久和平、共同繁荣的和谐世界，将是人类共同努力的方向。

美苏争霸历时近半个世纪，其间所发生的事件不计其数，一节课上不可能全部讲到。若能在一节具体、微观的历史课上，演绎和诠释了抽象的课程教学目标，透过对于美苏之间长期对峙的了解，通过一系列问题驱动，留给了学生深深的咀嚼和久久的回味，让学生的思维泛起了点点涟漪，产生了些许历史的感悟，无疑就达到了历史教学的目标。

第九章

贴近生活　走进历史

　　让教材上的历史知识,在与社会发展,与现实生活的联系中,变得真切和鲜活。只有这样,学生才能真正感受到历史不是平面的而是立体的,不是遥远的而是近在咫尺的,不是干瘪的而是灵动的,使学生由"走近历史"到"走进历史"。

历史学科的本质是求真,只有从真实出发才能提炼出真实的道理,也唯有"真"才能打动人心。陶行知先生即曾指出:"没有生活做中心的教育是死教育。没有生活做中心的学校是死学校。没有生活做中心的书本是死书本。"①历史与现实是不能分开的,今天的现实,就是明天的历史。浩渺的历史和历史的概念,只有与学生的现实生活经历发生共振,才能让他们产生"切肤"的感受和"神入"的表象。因此在教学中我十分注重史料开发的生活化、代表性和时效性。

一、选材要"活",贴近生活

教学中不妨多用学生平时耳闻目睹的事例,这样的例子看得见、摸得着,可望可即,有亲近感和现实感。在"历史文化与时代变迁下德法关系的嬗变"一课的教学中要学生们理解"斯特拉斯堡是文化交融之地"并非易事,我用了一个很鲜活的事例——出生在斯特拉斯堡的阿森纳足球教父的名字趣事。他是喜爱足球的同学所熟悉的足坛教父,所以大家看到他的照片就很兴奋,课堂气氛也顿时活跃了起来,大家纷纷叫出了他的名字"温格"。

图 9-1

① 胡晓风.陶行知教育文集[M].四川:四川教育出版社,2007.

师：大家都叫他"温格"，我想先请一个法语班学生用法语读一下他的名字。

生：（朗读略）

师：根据你刚才读的法语音译，应该是"旺热"，可是为什么大家都叫他"温格"？

生："温格"是德语的音译。

师：这就更奇怪了，一个法国人的名字怎么用的是德语的音译？

生：（露出困惑的表情）可能他是德国人吧。

我接着就给大家讲了一则趣事：上海著名的体育评论员曾经将阿森纳教父的名字念成"旺热"，引起了球迷的热议，球迷们纷纷从词根词源上去寻找答案。球迷研究发现他是德国人后裔，所以应该采纳德语音译"温格"，而且得到了他本人的确认。像温格这样的情况在斯特拉斯堡居民中并不是特例，他们身上或多或少都有着德法两国的基因，几乎所有的当地人都会讲法语和德语。通过"温格"的鲜活案例，同学们很自然地理解了斯特拉斯堡乃德法文化交融之地。

再比如，在讲到"经济全球化"这一课时，如果老师一开始就从"经济全球化"的内涵和特征入手，即"经济全球化是指生产、贸易、投资、金融等经济行为在全球范围的大规模活动"，我想学生一定会觉得云里雾里和枯燥乏味。但是如果就从学生生活中所感受和熟知的现象入手，教学效果就会好得多。当今学生正是生活在经济全球化的时代，上海又是一座国际化的大都市，有着经济全球化带来的诸多的切身感受。所以，我们不妨尝试从以下环节导入：

师：我经常到家乐福超市买些日本、韩国的食品，比如卡乐比麦片，EDO饼干，还有新西兰的纽仕兰牛奶。大家说说，是什么原因让我在上海可以买到世界各国的食品？

生：进口的呗。

生：经济全球化嘛。

师：是啊，这是商品贸易的全球化给我们消费者带来的福音。

另外，请大家看一下这张关于苹果产品的图片，这反映了什么问题？

生：苹果产品由美国设计，但是它的零配件是由世界各国生产的，最后在中国大陆组装，反映了国际间的经济合作。

美国设计，韩国生产中央处理器

日本生产屏幕

日本东芝、韩国三星供应存储芯片

韩国LG生产相机模块

iphone

在中国大陆组装

日本生产控制器芯片

中国深圳生产触摸屏

日本生产电子罗盘

图 9－2

师：由世界各国合作生产完成的产品，这就叫生产的全球化。这种跨国生产实现了资源配置最优化，利润的最大化。

近些年，上海人在海外投资买房产、留学、旅游都越来越普遍，我们可以通过使用淘宝网、皇包车等 APP，在海外也能享受到便捷的购票、租车等一键式服务，通过支付宝、中国银行等也可以很快捷地支付留学费等费用。这些都是经济全球化带来的便利。海外投资买房产叫投资全球化，支付宝付留学费叫金融全球化。

……

通过上述对话式的讲授，变抽象的经济全球化的概念为形象的生活体验，也能引起学生共鸣，收到良好的教学效果。

二、选材要"精"，发人深省

历史素材浩如烟海，选材要"精"，一定要注重教学的针对性和实效性，以及对学生心灵的震撼，让学生从中获得理性的认识。例如，在分析"为什么德法之间会进行数百年的战争？"这一问题时，我出示了两张典型的历史图片——发生在同一地点同一天的历史场景：普法战争法国战败，1871 年 1 月 18 日，普鲁士国王威廉一世在法国巴黎凡尔赛宫加冕为皇帝,并宣告德意志第二帝国成立。这是普鲁士对此前拿破仑战争的复仇,也是对法国的故意羞辱。一战结束后巴黎和会在凡尔赛宫召开,也是1月18日。当时法国总统克列孟梭说:"48年前的今天,德意志帝国就出生在这个大厅里。由于他生于不义,自当死于耻辱!"

　　学生在我的讲述中陷入沉思:德法两国之间轮番上演着羞辱与复仇的冤冤相报的历史循环,狭隘的民族主义思想导致两国之间无休止的战争厮杀。

图9-3

三、选材要"新",注重时效

　　为了拉近历史与现实之间的距离,激发学生管中窥豹地探究斯特拉斯堡城市历史特殊性的兴趣,我在本课的导入环节,以社会热点追溯历史入手,选择了"欧洲各国纪念一战结束100周年活动"这一时政素材,而且法国的纪念活动的第一站恰恰就是在小城斯特拉斯堡,因此非常自然地导入新课。

图9-4

师： 2018 年 11 月 4 日，法国历时一周的纪念一战结束 100 周年活动在斯特拉斯堡大教堂拉开帷幕，从盛大的交响音乐中体味人们对战争的记忆、对和平的祈祷。"第一站为什么选在斯特拉斯堡？"

接着，出示德国媒体报道的当天斯特拉斯堡教堂大主教说的一段耐人寻味的话，并请德语班同学诵读翻译：

Der Erzbischof von Strassburg, Luc Ravel, sagte, das Konzert mit den beiden Staatschefs in dem Gotteshaus habe eine « sehr bedeutende Symbolkraft ». Der Geistliche fügte hinzu： «Diese Kathedrale ist das Epizentrum von allem, was sich im Elsass im Guten wie im Schlechten zugetragen hat. » Die Region wurde lange zwischen Deutschland und Frankreich hin - und hergerissen und ist inzwischen Symbol für die Aussöhnung der früheren «Erbfeinde». [1]

学生翻译： 斯特拉斯堡的主教 Luc Ravel 说，（德法）两国元首在教堂参加的音乐会具有"重要的象征意义"，他补充道："这个教堂见证了阿尔萨斯的一切起起落落。"这个地区过去在德法之间几度易手，而现在已经成为被称为"世仇"的两国达成和解的象征。

师： 很好，谢谢，所以呢，我们今天就走进这座特殊的城市斯特拉斯堡，一起来回顾千年的历史，学习历史文化与时代变迁下德法关系的嬗变。

在本堂课的结尾，我再以一战结束 100 周年凡尔登纪念活动上马克龙的采访和特朗普的回应，引导学生认识德法两国关系未来所面临的新问题、新挑战。这一教学设计的意图是为了首尾呼应，更是为了引导学生从历史中汲取智慧，提升认识现实问题的能力。

师： 法国总统马克龙接受采访时发表了"建立一支真正的欧洲军队，不能再依靠美国"的讲话，你们猜特朗普对此会有什么反应？

---

[1] Frankreich - Deutschland Weltkriegsende： Macron und Steinmeier bei Konzert in Strassburg [EB/OL].（2018 - 11 - 05）[2019 - 08 - 17]. https://www. blick. ch/news/ausland/ frankreich - deutschland - weltkriegsende - macron - und - steinmeier - bei - konzert - in - strassburg - id9069532. html.

生：发推特！（同学们不约而同地回答）

师：猜对了！特朗普连发了5条推特！

图 9 - 5

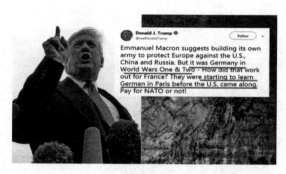

图 9 - 6

生：（全班哄堂大笑）

在轻松愉悦的气氛中，我边解读特朗普的回应，边引导学生思考：德法关系还是进行时，面对新问题、新挑战，未来将何去何从？斯特拉斯堡又如何规避曾经的风险？

让教材上的历史知识，在与社会发展，与现实生活的联系中，变得真切和鲜活。只有这样，学生才能真正感受到历史不是平面的而是立体的，不是遥远的而是近在咫尺的，不是干瘪的而是灵动的，使学生由"走近历史"到"走进历史"。

历史的演进是复杂的，丰富多彩的，可是就总体上的演进来看，历史的因果关系往往环环相扣，而作为历史上的每一环，总是以上一环的结果的形式出现。今天社会生活的方方面面无不受昨天历史的影响和制约。正是从这种意义上讲，历史不是死亡的过去而是现实的一部分。课堂教学丰富、丰满、丰实有赖于历史资源素材信息的典型性、相关性和针对性。当我们走出教育资源信息滞后、单一和缺失时代的时候，我们又面临网络时代资源信息的泛滥重叠、良莠不齐的尴尬。所以必须通过过滤、筛选和考订，开发出沉缄深邃、玄妙精微、约而不疏、瞻而不芜的有利于历史教学的课程资源。

课例："西欧与日本"设计之变

曾经与一位历史老师共同设计了一节初中课"西欧与日本"。这一课涉及第二次世界大战后，西欧和日本的复兴和崛起。这对于初二的学生来说，内容相对理性单调。

起初，总体构思是想通过战后世界局势的变化入手，分别讲述两者从战败到复兴的历史原因、过程与影响。应该说，整个的历史逻辑是完整严密的，历史素材是丰富翔实的，历史问题也是布满玄机的。在试讲中，在以为精心策划的贝多芬第九交响乐和"君之代"的乐曲声中，开始了激情洋溢的导入。然而，当抛出了第一个问题——"是什么力量，使这两个曾经被战争搞得满目疮痍的地区，在不到 30 年的时间里令整个世界刮目相看的呢？"，万万没有料到的场面出现了：一张张茫然面孔，一个个无助的表情。随之而来的便是冷场、寂静和沉闷。生硬的师生互动显得如此凝滞，就连精心设计的几处"亮点"也黯淡无光。……在呆板、单调和漠然中，这节兵败"滑铁卢"的试讲结束了。

沮丧之余，我们开始反思：片面强调历史规律的探索，忽略了对丰富历史现象的个体性考察；过多地注重经验的总结，使得丰富多彩的历史学习成为简单的历史教条传授；干巴巴的背景、过程、意义、影响的大而化之的归纳，使学生丧失了学习历史的兴趣。18 世纪启蒙思想家卢梭曾经说过："教育的艺术是使学生喜欢你所教的东西。"[①]因此，必须改变，而改变的核心是做到"心中有学生"。首先在组织课堂内容时必须考虑到

---

① 卢梭·爱弥儿[M].李平沤，译.北京：商务印书馆，1996：349.

所讲授的内容有利于学生感受有血有肉的鲜活的历史，并且有利于学生在这种感受中自然地形成正确的历史认知。 其次以学生作为教学活动的中心，从学生的角度设计教学环节，为学生创造人性化的知识探索氛围。 其中，几个特别的"改变"收到了超乎预期的良好教学反馈。

改变一：导言——变"如烟旧事"为"现实经历"，与学生携手渐入历史。

（原导入）欧洲的名字来自于美丽的希腊神话，而欧洲联盟的成立则来自于残酷的现实。从古至今，一个统一的欧洲就是欧洲人的欧罗巴梦想。从古罗马的查尔曼大帝、法国的亨利四世、拿破仑到德国的希特勒无不曾经试图实现这个梦想；康德、卢梭、尼采等思想家也把它作为终极理想。几个世纪以来，鲜血和战争频现欧洲，仅1870年到1945年法国与德国就交战过三次，欧洲是人类相互残杀的恐怖战场之一。直到经历了20世纪两次世界大战的摧残和创伤之后，人们才逐渐明白，武力与暴政不仅无法实现欧洲的统一，反而给欧洲人民带来了无尽的灾难。只有联合才能复兴文明，重建欧洲；只有统一才能维持和平，避免战争。

（新导入）三年前我曾到过德国、荷兰、瑞典、挪威、芬兰等一些欧洲国家，感受到了欧洲的先进、富庶和文明，有位诗人曾写道：如果地球上果真有天堂，我觉得她的名字应该叫作欧罗巴。造物主很不公平，几乎把一切美好的东西都给了欧洲！去过之后，我也产生了同感。

日本，我们并不陌生，作为一衣带水的邻邦，2007年4月12日温家宝总理在日本国会的演讲，将日本称为世界上主要的经济大国和国际社会有重要影响力的一员。可见日本在世界上的重要地位。

但在半个世纪前，两个地区的情况可并非如此。战争带来了灾难和毁灭。

风云变幻，50年间发生了什么使它们发生了这样的沧桑巨变。下面就让我们一起来了解。

"良好的开端，成功的一半。"导入的改变充分利用了"我在欧洲的亲身经历"这样一个独特的教学资源，拉近了原本陌生的师生间的距离，师生间良好的人际关系对于保证课堂效果具有十分重要的意义，学生的学习情绪高涨，课堂气氛融洽，教学效果就会好，知识探索氛围自然就形成了。

当然，营造协同、亲和的师生宽松环境，仅仅是一场"头脑风暴"的肇端。毕竟，历史的认知最终必须在历史的回归中才能获得。古人云：学起于思，思源于疑。学生的质疑、求知的欲望被激发起来，作为教师当然就可以顺水推舟，将学生带入知识的海洋。

改变二：入题——变"冷峻概念"为"鲜活故事"，与学生并行切入历史。

（**原设计**）50 年来，欧洲一体化建设以令人炫目的速度不断推进：关税同盟、共同外贸政策、共同农业和渔业政策、总预算和内部统一大市场、单一货币相继确立或启动，全面的经济货币联盟目标实现日近；6 次扩大使欧盟成员国从最初的 6 个跃增至 27 个，总面积超过 400 万平方公里，人口近 5 亿，国内生产总值达 12 万亿美元，占世界经济总量的四分之一，与头号经济强国美国旗鼓相当。在"生财"和"添丁"的同时，欧盟不断密切大家庭内部的外交、安全、内政、司法领域合作，积极参与国际和地区事务，对外越来越多地用一个声音说话。50 年的发展见证了欧盟从小到大、由弱变强的轨迹。如今的欧盟已成为世界上一体化程度最高、综合实力最强、地位和影响最引人注目的国家联合体。

（**新设计**）引入我的欧洲游记（德国——芬兰）

在我的欧洲之旅中，发生了一件发人深省的事：我们的德国司机沃尔夫一路驾车陪我们经过几个国家，当来到芬兰首都赫尔辛基时违反了交通规则，司机沃尔夫立刻去交了罚款。同学们想想这件事给我们带来了什么启示？（学生回答）是的，欧洲一体化建设的不断推进深刻地影响和改变着欧洲人的生活。如今，漫步欧盟各国的大街小巷，蓝底金星的欧盟盟旗随处可见；公路上，悬挂不同成员国牌照的汽车并驾齐驱；公司企业里，来自不同成员国的员工一起生产工作；万家灯火中，不同国籍的夫妇共享着花好月圆……

我之所以在讲到欧洲时如此处理，其背后的理念正是要让遥远时空中曾经发生的历史，在现实中得到印证，并尽可能将历史中生动复杂的情感展现给学生，以培养学生基本的人文素养，同时创造出平等合作、主动参与的以学生为中心的人性化课堂。只有这样，才能激发学生学历史的兴趣。

改变三：拓展——变"抽象罗列"为"具象比对"，与学生同步观察历史。

（**原设计**）美欧日经济实力 GDP(国民生产总值)对比发生了巨变：

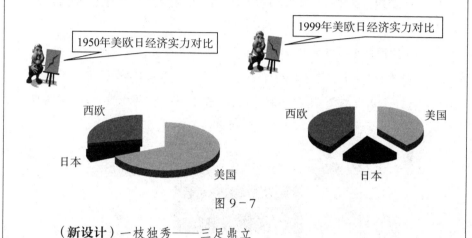

图 9 - 7

（**新设计**）一枝独秀——三足鼎立

图 9 - 8

历史的特点之一是不可再现。但是，历史学习一旦拘泥于孤冷的故纸堆中，其有效性便会大打折扣。后人无法克隆历史。但是，后人再现历史却应该是一个充满科学理性和浪漫天成的艺术创造活动。正因为这样的一个小小改变，历史与学生的视觉欲望发生了共鸣。生动形象的卡通动画，不仅激发了学生的好奇，而且他们在好奇中仔细观察，在观察中探微思考，在思考中获得了活生生的历史概念。 也就是在这样的特殊氛围下，陌生感、羞涩感全然没有了，孩子们在愉悦和享受中争先恐后地表达着自己的"新发现"和"新观点"，出现了一个完全超乎我预期的课堂小高潮，课堂气氛得到活跃。

改变四：延展——变"宏观思考"为"微观探究"，与学生共同反思历史。

（原设计）近年来日本在国际舞台的最新表现：明确提出要加入政治大国的行列，多次要求成为常任理事国；重整军备，军费开支居世界第二，以国际合作名义，接连向海外派兵；首相多次参拜靖国神社；否认侵略历史，制造教科书事件，激起了周边各国的强烈反响和关注。

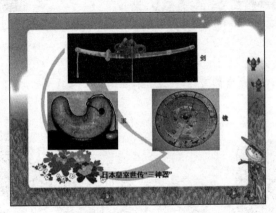

图 9-9

（新设计）日本皇室世传"三神器"，据说是天孙下界时，天照大神赐予他的天丛云剑、八咫镜和八坂琼曲玉，简称"剑、镜、玺"。天照大神的法力就来自三样至宝，即铁剑、铜镜和玉。铁剑象征武力。

日本的武力不可谓不强大：日本的军费开支高居世界第二，人均国防费用世界第一；日本自卫队虽然没有正规军名分，但同英国军队相比，除了在核武器、远程轰炸机、核动力潜艇等少数几个领域外，日本的军事实力已相当于或超过英国。

玉象征财富。日本的财富不可谓不富足：2006年，日本GDP总量

4.59 万亿美元,世界第二,人均 GDP 为 3.64 万美元,世界第十;它是世界最大债权国;外汇储备近 9 000 亿美元,仅次于中国;它甚至还花钱"买"到了联合国非常任理事国候选资格。

但要建立"强大的日本和可以信赖的日本",它手中似乎还少了一样东西——那面铜镜。铜镜代表着自身的认知能力,其中包括对自己历史的反省。慰安妇问题,教科书问题,修改和平宪法问题,一直搅得四邻不安,连日本的盟友美国也颇为不满。安倍言必称"美丽的国家",而一个美丽的国家,还要有美丽的心灵。因此,要实现大国梦想,日本还需要一面铜镜,揽镜自目,必须拭尽铜镜上的历史灰尘。以史为鉴,可以知兴替。世人都希望看到一个美丽的,或者说更加美丽的日本。

这个案例是妙手偶得,不久前在《文汇报》时事专栏上读到这篇时评,正好用上,既高屋建瓴又入木三分,很好地诠释了当今日本社会存在的盛世隐忧,学生理解起来也不费力。 在历史教学中,我们常常会发现这样的现象,当老师把问题抛给学生的时候,我们的问题本身是有问题的——抽象、笼统、模糊,其结果是学生不知所云。 对于这样的一个小小的改变,与其说是一个伎俩,毋宁说是一种理念,那就是在微观、具体的问题情境下,让学生有的放矢地去发现,去研究,去形成生成性的历史知识,去感受探索和学习的方法,去陶冶健康向上的情感、态度和价值观。

改变五:升华——变"知识梳理"为"情感激发",与学生共同憧憬历史。

(原小结)自 1978 年以来,中国已成为世界上经济增长最快的国家之一,你认为我国可以从这些国家的发展历史中吸取哪些经验教训?共同点有:都得到了美国的援助或者扶植;都大力引进先进科技,发展教育,培养人才;都制定了恰当的经济发展政策。借鉴之处有:善于抓住机遇,加强国际经济联系;大力引进先进科技,发展教育,培养人才,坚持改革开放,走适合本国国情的经济发展战略。

(新小结)世界银行首席经济学家、美国财政部长萨默斯(LawrenceH. Summers)在清华大学演讲时说道:"书写 20 世纪近二十年的历史的时候,冷战结束将会是第二大事件。第一大事件将是新兴市场的兴起——这莫过于中国,全世界加起来生活着 30 亿人,而且正是在这里,我们在人类历史上第一次看到了令生活水平十年内提升两倍的经济增长率,而后又实现一次,又实现一次,又实现一次。如果这股潮流继续下去,我相信,在过去千年的经济历史中,只有工业革命和文艺复兴能够与之相提并论。"并在黑板上师生共同进行总结:

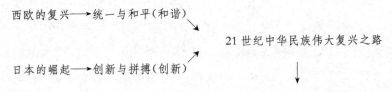

反思这堂课的"几个改变",最大的体会就是,一个历史老师要善于改变自己,要善于立足于学生而改变自己。唯一不变的就是动态的改变!如果说,新课程改革提倡课堂教学师生互动的核心是思维的共振,那么,这种共振的前提是情感的流动,条件是氛围的亲和。而这种共振能否达成,则在很大程度上取决于学生的"认知性"参与,而决非一般意义上的外在化的热闹场面。为此,教师构建历史课堂,应力求以学生为中心,坚持教师的精心设计与内容的整合,坚持多样的活动与开放的环境,从学生的角度设计教学环节,必须突出"情感的体验",为学生创造人性化的知识探索氛围,让学生的人文素养得到有效的培养。

第十章

线上线下　交互滋养

　　学术界自 2012 年的慕课热潮后进入了反思的沉淀期,在肯定慕课这一新型教育方式的基础上,也对慕课的完善方向进行了充分的论证。在基础教育领域,单纯地依靠慕课展现课程内容很容易沦落为机械的信息传递,威胁教育的核心价值。因此,网络学习平台与现实课堂空间必须相互交织,线上线下师生必须人际互动才能真正落实核心素养。

何谓"家国情怀"？众多学者都做过深入的阐释，大致认为，"家国情怀"是一种崇高的品性和心境，是一种以血缘亲情为基础的，从孝敬父母、关爱家人，推广到关心国家命运、报效祖国，乃至关注人类社会前途的深情大爱。笔者突然联想到近日在电影《无问西东》中看到的一幕情景：在西南联大读书的富家子弟沈光耀，尽管他是家中孝顺的独生子，但是在民族危难之际，他毅然决然投笔从戎，选择成为一名飞行员，为保家卫国献上了自己最绚烂的青春。或许这就是对"家国情怀"最好的诠释吧。

2018年1月，教育部正式印发了《普通高中课程方案（2017版）》，首次提出凝练"学科核心素养"。其中《普通高中历史课程标准（2017版）》中明确指出："历史学科核心素养包括唯物史观、时空观念、史料实证、历史解释、家国情怀五个方面。……家国情怀是诸素养中价值追求的目标。"[①]

那么如何在课堂教学中践行和落实"家国情怀"核心素养呢？

作为一名中学历史教师，我们认真研读了有关"核心素养"和"新课标"的相关文件和主要精神，并带领本校历史教师团队积极开展落实学科核心素养的教学探索和实践。在此，以我们团队历时半年开发的慕课"抗战的十五个瞬间"为例，与大家分享线上线下教学相结合，交互滋育学生"家国情怀"核心素养的探索与体会，以抛砖引玉。

一、目标与创编的无痕对接

慕课（MOOC，Massive Online Open Course），即大规模在线开放课程，因其精

---

① 中华人民共和国教育部制定.《普通高中历史课程标准（2017版）》[S]. 北京：人民教育出版社,2018：4.

品化、开放性等特征引发了席卷全球的教学方式变革。① 我国基础教育改革中也早就明确提出需促进信息技术与学科课程的整合，逐步实现教学内容的呈现方式、学生的学习方式、教师的教学方式和师生互动方式的变革。② 所以，我们尝试用慕课这一新方式为学生的学习提供丰富多彩的教育环境，探索落实"家国情怀"核心素养的新途径。

那么，什么样的主题适合通过慕课来渗透家国情怀？正当老师们冥思苦想之际，教育部要求落实"十四年抗战概念"的精神令大家心头一亮。抗日战争是中华民族走向伟大复兴的转折点，这段 14 年的历史孕育了丰富的"家国情怀"素材。一如学者所言：在这 14 年的抗战中，中华儿女在民族生死存亡之际，在侵略者的杀戮面前，多少人前赴后继，碎首沙场；多少人沥血孤营，裂身银汉；多少人毁家纾难，以身殉国。③ 民族危亡中的生死大义也正是新时代学生需要近距离触摸的特殊家国记忆。而中学历史教材囿于篇幅的限制，对 14 年抗战长于宏观叙事，缺乏更多事件细节和人物轨迹的描摹。历史课堂又由于课时设置等原因，难以层层铺开细细探讨。如此，老师有意犹未尽之感，学生对抗战也缺乏感性认识。家国情怀的渗透浮于表面，显得生硬。用慕课呈现抗战，既能有效延伸学习空间，又能以多样化的方式触动学生，在落实"家国情怀"上达到形式与内容的有机融合。

经过这样的分析，组内老师一致认可"十四年抗战"这个主题。大家围绕着课程的意义、课程的框架、课程的选材展开研讨，尤其关注如何用短短的 10 分钟打动学生的心灵这一核心问题。对此，笔者认为需要讲出与教材内容的区别，作为教材的拓展和延伸，不妨抛弃"背景——过程——影响"的传统宏观叙事，用丰满的历史人物为切入点，以微观视角诠释抗日战争。于是大家集思广益，最后一起确立了以培养"家国情怀"核心素养为目标，以历史人物为焦点，以人物或事件的某个特殊瞬间为切入点的课程方案，慕课"抗战的十五个瞬间"由此

---

① 李亚员.国内慕课研究现状述评：热点与趋势[J].网络教育与远程教育,2015,267(7)：55 - 60.

② 中华人民共和国教育部.《基础教育课程改革纲要（试行）》(2001 年).

③ 刘新如."睡狮"的醒来——论中国人民抗日战争胜利与民族觉醒[N].解放军报,2015,1(7)：7.

开发。

为了能让学生设身处地地感受抗战中我们中华儿女的铮铮铁骨和家国情怀，本慕课课程精心选取了来自不同政党、不同阶层，甚至不同国家的历史人物，以抗战的进程为基本线索，按缘起、悲歌、方向、奋起、声援和胜利六个模块进行编排。其总体框架设计如下：

图 10 - 1

第 1 课：起来，不愿做奴隶的人们——国歌诞生的瞬间

第 2 课：赢得敌人的尊重——杨靖宇将军葬礼的瞬间

第 3 课：千里刀光影，仇恨燃九城——北平沦陷的瞬间

第 4 课：抗日第一捷——平型关战役打破日军神话的瞬间

第 5 课：一个日本老兵的忏悔——东史郎的下跪瞬间

第 6 课：军装上的七个枪眼——一个将军倒下的瞬间

第 7 课：胜利是属于我们的——毛泽东作《论持久战》报告的瞬间

第 8 课：到敌人后方去——游击队员子弹出膛的瞬间

第 9 课：北归端恐待来生——西南联大成立的瞬间

第 10 课：万民抬棺——张自忠将军证明自己的瞬间

第 11 课：敌后反扫荡——狼牙山五壮士悲壮跳崖的瞬间

第 12 课：壮志凌云——飞虎队升空的瞬间

第 13 课：大生产运动——南泥湾收获的瞬间

第 14 课：何必马革裹尸还——戴安澜将军最后的瞬间

第 15 课：漫漫长夜过去，听到一声鸡啼——普天同庆的瞬间

这 15 个瞬间由"起来,不愿做奴隶的人们"这首国歌诞生的瞬间开始导入,展示聂耳、田汉等爱国志士面对"九一八事变"后日寇的步步紧逼,不愿祖国沉沦,创作了《义勇军进行曲》。这首歌在抗日战争期间激励着中华儿女为挽救民族危亡,为自由和解放而奋战到底。最后再以歌曲《恭喜恭喜》结束,展现抗战胜利时各地区、各阶层人民在历经了 14 年的腥风血雨后迎来久违的和平时发自内心的喜悦。通过这 15 个瞬间,一方面勾勒出抗战的基本脉络,在传递抗战完整进程的基础上弘扬中华民族不屈的民族精神;另一方面使学生体会到当时大时代波涛中个人的抉择与人生轨迹,进一步思考时代与个人、家国大义与个体小我等深层次问题。

二、众筹与交互的良性循环

"众筹,翻译自国外 crowdfunding 一词,即大众筹资或群众筹资,由发起人、跟投人、平台构成。具有低门槛、多样性、依靠大众力量、注重创意的特征,是指一种向群众募资,以支持发起的个人或组织的行为。"①在此,借用这个词语,笔者想表达的是慕课"抗战的十五个瞬间"是上外附中的历史慕课团队通力协作的集体智慧结晶。这支团队由 7 位历史老师组成,他们是:黄桂兰,林镇国,俞仙芳,周梦麟,赵怡婷,潘云和杨苏越。这个团队的平均年龄在 30 岁左右,是一支富有青春活力和教学追求的年轻团队。自 2018 年 5 月份开始策划到 2019 年 2 月份正式申请上线,大家利用课余和假期闲暇时间,不断沟通,反复研讨。从确定选题、书写文案到拍摄成品,每一个环节都凝聚了 7 位老师的无数次思想碰撞。遇到瓶颈大家还利用微信平台实时头脑风暴,探讨脚本语言的优化、课件模板的制作、分镜头的设计等系列核心问题。国庆节后更是一节一节课地相互观摩、评课、修改,不断追求细节的完善。历时整整 10 个月时间,历史慕课"抗战的十五个瞬间"终于制作完成并在"上海市高中名校慕课平台"上线。这个慕课的制作过程,是团队教师之间相互学习和教学相长的过程,同时也是我们每一个教师重温抗战历史,感受

---

① 百度百科. 众筹[EB/OL]. [2019 - 08 - 18]. https://baike. baidu. com/item/%E4%BC%97%E7%AD%B9.

"家国情怀"的体验过程。

随着慕课的上线，如何组织学生有效开展"线上线下的交互学习"呢？

第一，避免重复，实现线上线下教学内容的互补性。

在目前部编历史教材中，初高中都会涉及抗日战争史教学。在高中年级线下的历史课堂教学中，上到"正面战场与敌后抗日根据地"这一内容时，教师主要是帮助学生厘清教材中抗战的基本线索：

表 10-1

时间	正面战场	敌后战场
1937.8	淞沪会战	洛川会议
1937.9	太原会战	平型关战役
1938.2-5	徐州会战（台儿庄战役）	《论持久战》
1938.6-10	武汉会战	开辟晋察冀等敌后抗日根据地
1940.8		百团大战
1942.2	中国远征军入缅作战	

我们在线上慕课中对教材内容进行互补。一是补充了教材中提到但未具体展开的重大事件。比如《论持久战》只有一幅"毛泽东在延安窑洞写作《论持久战》"的插图，但对于创作背景、影响等均未提及，因而在慕课"第7课：胜利是属于我们的——毛泽东作《论持久战》报告的瞬间"深入解读这一关键性的抗战方针。二是大篇幅补充了教材未提及但又不可忽视的抗战人物与事件。如在"第6课：军装上的七个枪眼——一个将军倒下的瞬间"补充了鲜为人知的川军将领王铭章出川抗日的悲壮之举，还原了一位肩当正义、凄美献身的国民党地方军人形象。在"第9课：北归端恐待来生——西南联大成立的瞬间"补充了抗日烽火中高校西迁的坎坷历史，追忆时代动荡中知识分子的求索与风骨。通过线上线下的内容互补，为学生描摹了"全民族抗战"的完整图景。

第二，避免机械，实现线上线下师生互动的人际化。

学术界自2012年的慕课热潮后进入了反思的沉淀期，在肯定慕课这一新型教育方式的基础上，也对慕课的完善方向进行了充分的论证。① 在基础教育领域，单纯地依靠慕课展现课程内容很容易沦落为机械的信息传递，威胁教育的核心价值。因此，网络学习平台与现实课堂空间必须相互交织，线上线下师生必须人际互动才能真正落实核心素养。

此次慕课上线时间恰好与高二年级第六分册抗战教学周期相吻合，为师生互动创造了良好的氛围。一方面，我们在慕课平台上设置了课程讨论与课程提问两大灵活板块，引导学生就抗战的每个瞬间积极发表自身见解。对学生的看法，我们也及时上线予以回馈。例如，有学生质疑用 1935 年诞生的国歌作为慕课开篇是否合理时，我们就策划意图进行了交流。另一方面，学生脑海中带着"15 个瞬间"走进现实课堂，课堂讨论的广度与深度都不断延伸。在"南京大屠杀"这一环节，我们围绕着战争中的人性这一主题各抒己见，不仅看到了日本法西斯在战争中的恶，也由于慕课"一个日本老兵的忏悔——东史郎的下跪瞬间"意识到了一些士兵在战争结束后的悔。循着慕课启发的拓展思路，有学生还提供了张纯如的《南京浩劫——被遗忘的大屠杀》，比较奥斯维辛集中营与南京大屠杀在西方世界的不同反应变迁。

令人欣慰的是，与往年相比，今年的抗战史教学课堂气氛特别活跃。围绕着抗战期间的历史人物、历史细节，思维的火花在师生之间、生生之间熠熠生辉。核心素养也在线上线下的交互中潜移默化地孕育。

三、瞬间与永恒的内化涵养

学科知识是培育"家国情怀"的载体。教学的产生和维持，人的成长和发展，知识都是必不可少的基础。为此，慕课"抗战的十五个瞬间"在知识传递上运用不同方式以再现历史，希望为学生家国情怀的培育提供丰厚的养料。

15 个瞬间均以小切口展现大主题。以模块二"悲歌"为例，我们以时间为线索，分别从共产党、文化人士、国民党和日军 4 个不同的视角呈现出抗战中不可忽视的 5 个瞬间。首先由杨靖宇将军的葬礼切入，讲述 1931 年九一八事变后局部抗

① 吴万伟.慕课热的冷思考[J].复旦教育论坛，2014,12(1)：10-16.

日战争中,杨靖宇所代表的共产党队伍的抗日义举。紧接着由老舍的一首《流亡诗》切入,讲述 1937 年全面抗战开始后,老舍所代表的爱国文人团体以笔为枪,为抗日宣传所作贡献。再接着从平型关大捷的现场情境直接切入,穿插当时的整个华北战场局势,展现平型关大捷对于八路军威望的提高以及对鼓舞当时全国士气的巨大作用。然后由照片勃兰特下跪导入,讲述日本士兵东史郎从血腥残忍的侵略者转变为战争忏悔者的心路变化。侵华老兵东史郎的下跪瞬间不仅是一次个人忏悔,更是对战后日本右翼势力的无情讽刺。最后由川军出征前的"死"字旗导入,讲述 1937 年全面抗战爆发后,王铭章所代表的地方部队共赴国难,死而后已的抗日义举。整个模块从 1931 年九一八事变的那一声爆炸声讲起,一一爬梳抗日战争中那些不可错过的人与事,串联起一曲荡气回肠的充满家国情怀的抗战悲歌。

每一个瞬间均以多元视角刻画人物和事件。以"壮志凌云——飞虎队升空的瞬间"为例,在介绍陈纳德来华缘由时,我们设计主讲老师出镜的方式,言简意赅地介绍抗战时期中国空军发展境况,从广视角的维度使学生对飞虎队成立的背景有一个全面的认识。在展现历史人物自身的思考时,又从微视角的维度引入了陈纳德个人自述:"我虽然是美国人,但我和中国发生了如此密切的关系,大家共患难,同生死,所以我也算是半个中国人。"法西斯肆虐面前,这位美国退伍老兵超越国籍界限的抉择与决心跃然纸上。广视角利于分析复杂背景和重大历史事件,微视角善于描绘历史细节与人物情感。两者的综合运用便于刻画出陈纳德完整的人物形象,让学生在相对客观的印象中展开自我想象与解读。最后,该瞬间以抗战胜利 70 周年之际中国政府授予陈纳德遗孀陈香梅女士纪念章为尾声,以现实的视角定格中国人永远铭记飞虎队升空的那一瞬间,意味深长。

学科活动是培育家国情怀的渠道。单纯地观摩、理解和掌握是不能形成素养的,只有通过学科活动对学科知识进行再加工才能转化为学科素养。在慕课的铺垫下,我们创造机会让学生心中奔腾的思绪予以升华。

理论建构,将碎片化的认知内化为深层次的思考。利用现实课堂空间,在谈论抗日战争的影响时,笔者适时引入 1935 年傅斯年的《中华民族是整个的》①与现代学者胡逢祥的《民族主义与中国现代民族国家意识的形成》②两篇文章,从近代中国抗争的全景中审视抗日战争对塑造中华民族整体认同感的关键作用。抗日战争与之前历次侵华战争最大的差异是民族危机直接威胁到每个人的生存。亡国灭种的残酷现实使全国人民均意识到国家独立的重要性和先决性,激发了民族国家意识的高度觉醒。经过这样的分析,最后引导学生以抗战时期的人与事为史实依据,对家与国之间的关系进行建构,深层次理解个体、家庭和国家是相互依存的命运共同体。

活动引领,将理论性的课程知识融入学生日常生活。3 月份恰逢我校"中国文化节"开展之际,历史组也围绕着学科核心素养将课程内容与学生活动有机融合。我们在高一年级开展了"历史剧本创作比赛",引导学生深入历史,在生动的历史情境中设身处地地体会家国沦陷时历史人物在那个瞬间的抉择。高二年级结合社团开展了课题研究性学习,并作 PPT 演讲展示。欣喜发现高二学生在给学校辩论赛拟定赛题时,给出了"扫一屋与扫天下"、"以妥协换和平还是斗争求生存"等一个个充满浓浓家国情怀的主题。当学生在赛场上引经据典、唇枪舌剑之时,展现的是他们内心对时代与个人、小我与大国等问题的深入考量,展现的是"家国情怀"核心素养的内化与生成。

从三维目标到学科核心素养体现了从学科本位到以人为本的转变,是从人的视角来界定课程与教学的内容和要求。③ 历史学科核心素养是指学生在接受历史教育过程中形成的适应社会需要和终身发展的必备品格与关键能力。这种品格与能力是一经习得便有着与个体生命不可剥离的、伴随一生的内在秉性,具有内在性与终极性的意义。在此意义上,慕课"抗战的十五个瞬间"是学生核心素养形成路径上一次有意义的尝试。

---

① 傅斯年. 中华民族是整个的[M]//欧阳哲生. 傅斯年全集(4). 长沙:湖南教育出版社,2000:125.

② 胡逢祥. 民族主义与中国现代民族国家意识的形成[J]. 华东师范大学学报(哲学社会科学版),2010,(2):33-42.

③ 余文森. 从三维目标走向核心素养[J]. 华东师范大学学报(教育科学版),2016,(1):11-13.

课例: 抗战的十五个瞬间

表 10-2 "抗战的十五个瞬间"课程框架

<table>
<tr><th colspan="4">"抗战的十五个瞬间"课程框架</th></tr>
<tr><th>编号</th><th>环节名称</th><th>形式</th><th>主要内容</th></tr>
<tr>
<td>00</td>
<td>导学篇
——课程
预览</td>
<td>视频</td>
<td>由教育部发文要求全国中小学教材统一将"八年抗战"改为"十四年抗战"导入,引出课程。
介绍课程的框架和意义:以抗日战争的时间进程为基本线索,以历史人物为焦点,选取了抗日战争中的 15 个瞬间,让学生感受到中华儿女的铮铮铁骨、家国情怀。也能清晰地了解抗日战争的历史进程。
本课程适合对抗战历史感兴趣的初中生、高中生等爱好者。
本课程由上外附中的历史教师团队的 7 位老师主讲。我们是一支热爱历史、各具特色、深受学生喜爱的历史达人团队。</td>
</tr>
<tr>
<td>1.1</td>
<td>阅读文章</td>
<td>第一单元导语</td>
<td>模块 1 的主要学习内容为:国歌《义勇军进行曲》的诞生。1931 到 1935 年,中国的民族危机不断加深。然而国共内战连绵,前途莫测。爱国者田汉和聂耳创作了《义勇军进行曲》以激励国人奋发抗日。这首歌曲流传大江南北,有着深远的影响,后被定为新中国的国歌。
在本模块,你将知道国歌创作的背景,知道国歌对于抗战中百姓和军人的激励作用。</td>
</tr>
<tr>
<td>1.2</td>
<td>观看视频</td>
<td>起来,不愿做奴隶的人们
——国歌诞生的瞬间</td>
<td>国歌诞生之时,正是日寇步步紧逼,侵凌中国的时刻。聂耳、田汉等爱国志士不愿祖国沉沦,创作了《义勇军进行曲》。在艰苦卓绝的抗日战争中,这首歌鼓舞了中国各地军人、百姓的士气,同时它的影响越出国界,激励全世界反法西斯战争中的仁人志士为了自由和解放而奋战。</td>
</tr>
<tr>
<td>1.3</td>
<td>讨论</td>
<td>国歌是如何诞生的</td>
<td>学生查阅国歌创作的具体资料,了解聂耳、田汉与左翼运动的联系。</td>
</tr>
<tr>
<td>2.1</td>
<td>阅读文章</td>
<td>第二单元导语</td>
<td>1931 年,日本帝国主义向中国发动了丧心病狂的侵略战争,艰苦卓绝的抗日战争正式爆发。命运多舛的中华民族已然到</td>
</tr>
</table>

编号	环节名称	形式	主要内容
			了最危急的时刻！国难当头,蒋介石接受了共产党人的要求,实现了第二次国共合作。自此,中华民族无分南北、无分老幼、无分国共,均通力合作,共同御敌。 在本模块的学习中,我们将分别从共产党、国民党和日军三个不同的视角呈现出抗战中不可忽视的五个瞬间。我们将以时间为线索,从 1931 年九一八事变的那一声爆炸声讲起,一一爬梳抗日战争中那些不可错过的人与事,串联起一曲曲令人动容感怀的抗战悲歌。
2.2	观看视频	赢得敌人的尊重——杨靖宇将军葬礼的瞬间	由杨靖宇将军的葬礼切入,讲述 1931 年九一八事变后局部抗日战争中,杨靖宇所代表的共产党队伍的抗日义举。
2.3	观看视频	千里刀光影,仇恨燃九城——北平沦陷的瞬间	由老舍的一首《流亡诗》切入,讲述 1937 年全面抗战开始后,老舍所代表的爱国文人团体以笔为枪,为抗日宣传所作贡献。
2.4	作业	抗战初期的事与人	1. 绘制 1931—1937 年日军侵华的大事年表。 2. 分享一位在 1931—1937 年间为抗战作出巨大贡献的英雄人物。
2.5	观看视频	东渡黄河第一战——平型关战役打破日军神话的瞬间	从平型关大捷的现场情境直接切入,穿插当时的整个华北战场局势,展现平型关大捷对于八路军威望的提高以及对鼓舞当时全国士气的巨大作用。
2.6	观看视频	一个日本老兵的忏悔——东史郎的下跪瞬间	由照片勃兰特下跪导入,讲述日本士兵东史郎从血腥残忍的侵略者转变为战争忏悔者的心路变化。侵华老兵东史郎的下跪瞬间不仅是一次个人忏悔,更是对战后日本右翼势力的无情讽刺。
2.7	讨论	怎样选取可靠的历史信息?	历史信息五花八门,令人眼花缭乱,目不暇接。通过学习本课,我们回忆并归类本课所使用的史料种类,并尝试对上述史料的真实性进行排序,简要说明原因。
2.8	观看视频	军装上的七个枪眼——一个将军倒下的瞬间	由川军出征前的"死"字旗导入,讲述 1937 年全面抗战爆发后,王铭章所代表的地方部队共赴国难,死而后已的抗日义举。

编号	环节名称	形式	主要内容
2.9	问题探究	章节探究性问题	1956年，毛泽东在与访华的日本前陆军中将远藤三郎谈话时说："你们也是我们的先生，我们要感谢你们。正是你们打了这一仗，教育了中国人民，把一盘散沙的中国人民打得团结起来了。所以，我们应该感谢你们。"同年，在接见日本日中输出入组合理事长南乡三郎时，也说了类似的话。 学习了模块2以后，相信大家对于抗日战争有了较从前更深刻的理解。大家认为应该如何理解毛主席的这句话？
3.1	阅读文章	第三单元导语	1938年，抗日战争爆发已经7年，日本帝国主义占领了中国东部半壁江山，广大中国军民陷入了空前的恐慌和迷茫。中国的抗战将何去何从？ 在本模块的学习中，你将能对中日双方的战争形势形成科学、理性的认识，对抗日战争的前途认识感到豁然开朗。
3.2	观看视频	最后的胜利是中国的——毛泽东作《论持久战》报告的瞬间（上）	从"七七事变"视频切入，引出"亡国论"、"速胜论"，再引出《论持久战》，并用数据分析敌强我弱、敌小我大的形势，证明"速胜论"不成立。
3.3	讨论	抗日战争为什么是持久战？	你认为哪些因素决定了抗日战争是持久战？
3.4	观看视频	最后的胜利是中国的——毛泽东作《论持久战》报告的瞬间（下）	结合国际局势的发展，进一步分析敌我双方的战争形势，论证最后胜利是中国的，并且分析取得最后胜利的路径。
3.5	问题探究	查找资料，回答问题	毛泽东应该被称为"现代游击战之父"吗？
4.1	阅读文章	第四单元导语	抗战是全民族的抗战，全体中华儿女冒着敌人的炮火共赴国难，无论是正面战场，还是敌后战场，千千万万爱国将士浴血奋战、视死如归，各界民众万众一心、同仇敌忾，奏响了一曲气壮山河的英雄凯歌，用生命和鲜血谱写了一首感天动地的壮丽史诗。 通过本模块截取的5个历史瞬间，你将对相持阶段的中国抗战有一个更加深入全面的了解。

编号	环节名称	形式	主要内容
4.2	观看视频	到敌人后方去——游击队员子弹出膛的瞬间	由游击队员子弹出膛的瞬间导入，讲述抗战期间中国共产党领导人民武装运用灵活机动的战略战术，开展广泛的游击战争，开辟了广阔的敌后战场，给日寇以沉重打击，成为坚持抗战的中坚力量。
4.3	观看视频	中兴业，须人杰——西南联大成立的瞬间	西南联大以及众多撤退到大后方的中国大学，无论如何颠沛流离，都坚持"弦歌不辍"，不但为国家培养了大量人才，更是抗战必胜信念的最好体现。
4.4	拓展阅读	查找资料，回答问题	说说你所知道的西南联大师生们的故事。并告诉大家，你是从哪些书里读到了这些故事？
4.5	观看视频	万民抬棺——张自忠将军证明自己的瞬间	由宜昌战役导入，讲述张自忠将军在抗战期间从饱受国人误解到为自己正名，为国捐躯的转变瞬间。
4.6	观看视频	敌后反扫荡——狼牙山五壮士悲壮跳崖的瞬间	由狼牙山五壮士跳下山崖的时刻切入，讲述抗战中狼牙山五壮士所在的敌后抗日根据地舍生忘死，为国捐躯的抗日义举。
4.7	问题探究	查找资料，回答问题	结合前面学过的慕课，说说你还知道哪些敌后抗日根据地，并在地图上标出它们的大致地理位置。
4.8	观看视频	大生产运动——南泥湾收获的瞬间	抗日战争前期，中国共产党领导的武装力量面对强大的日寇威胁以及国民党的压制，经济条件困难。为了自力更生，解放区开始推行一场"大生产运动"，进行兵农合一的垦荒。其中最突出的成就，是开发了南泥湾，使其变为"陕北的好江南"。大生产运动使根据地得以自给自足，为中国共产党领导人民取得抗战胜利奠定了坚实基础。
4.9	问题探究	讨论：为什么国统区同样物资紧张，却没有开展与解放区相似的大生产运动？	查找有关国统区内兵民关系的资料，寻找其与解放区内兵民关系的区别。
5.1	阅读文章	第五单元导语	中国战场是世界反法西斯战争的主战场之一，各方力量的团结协作是这场战争胜利的重要原因。在硝烟弥漫的抗日烽火里，既有一支特殊的美国队伍来到中华大地，

编号	环节名称	形式	主要内容
			也有一支特殊的中国军队远赴缅甸丛林。他们是谁？他们为何远赴异国他乡？他们又如何在战争中书写自己的人生？ 在本模块，你将了解二战中尤其是珍珠港事件爆发后，中美政府双方、陈纳德与戴安澜等个人在战场上之风云际会。
5.2	观看视频	壮志凌云——飞虎队升空的瞬间	由飞虎队在昆明上空击败日军这一瞬间导入，介绍在如火如荼的抗日烟云中，这支特殊的异国飞行队对反法西斯战争的贡献。
5.3	讨论	飞虎队的荣光	1. 飞虎队对中国抗战起了何种作用？ 2. 你觉得有哪些原因推动了飞虎队的成功？
5.4	作业	浏览拓展网站，回答问题	浏览"昆明飞虎队纪念馆"（http://www.kmflyingtiger.com），说说给你印象最深刻的飞虎英雄。
5.5	观看视频	何必马革裹尸还——戴安澜将军最后的瞬间	由戴安澜将军率部远征缅甸，壮烈牺牲在战场上导入，讲述戴安澜将军为抗日浴血百战的一生。
5.6	讨论	查找资料，回答问题	查找有关中国远征军的资料。 说说中国远征军在缅甸战场的贡献。
5.7	问题探究	章节探究性问题	你如何理解本模块的标题"声援"？
6.1	阅读文章	第六单元导语	1945年，随着世界反法西斯战场上轴心国的不断败退，胜利的曙光显现。中国共产党领导的武装部队开始在各地区发动反攻。8月，在美国原子弹投放、苏军攻入东北、解放区全面反攻的背景下，日本投降。在这胜利的瞬间，在中国及海外的中国人中，都出现了大规模狂欢的场面。人们迸发出压抑了太久的激情与欢乐。
6.2	观看视频	漫漫长夜过去，迎来一声鸡啼——普天同庆的瞬间	由陈歌辛创作的歌曲《恭喜恭喜》导入，展现抗战胜利时各地区、各阶层人民在历经了14年的腥风血雨后迎来久违的和平时发自内心的喜悦。
6.3	作业	观看纪录片，写300字左右的观后感	在网上观看崔永元导演创作的纪录片《我的抗战》第32集《胜利》，结合本课教学内容，写300字左右的观后感。（资源在搜狐、bilibili网站上都有）

第十一章

创新载体　转变方式

教育信息化有助于改变教师为中心的传统教学模式，"慕课"是一种以信息技术为基础的新型教学载体。以师生合作开发"启蒙运动十日谈"慕课为例，从历史教学载体形式和学习范式的全新尝试与实践以及对"慕课"改进的新认识等角度，阐释了有关新探索的具体操作路径以及在发挥学生学习主体性和培养学生历史学习的关键能力等方面的实践意义。

当今世界,以互联网和人工智能为标志的科技进步日新月异,使未来充满了不确定性。如何培养适应未来社会的人? 近年来,国内外教育部门纷纷提出了"核心素养"的培养目标,普遍认为,具有"学会学习、终身学习、自主发展、实践创新"等核心素养的人才能适应未来社会的挑战。那么如何在中学历史教学中有效发挥学生的学习主体性和培养学生自主学习的能力? 教育信息化不失为当前值得探索的路径。教育信息化的本质是运用信息技术创造新的学习文化,改变长期以来教师为中心的传统教学模式,从根本上解放师生创造力。笔者在继推出教师团队合作开发慕课"抗战的十五个瞬间"之后(已发表相关论文①),又尝试与学生合作共同研发慕课"启蒙运动十日谈",进行了教学载体形式和学生学习范式的全新探索与实践,历时一年终于完成,于2019年3月在上海市高中名校慕课平台正式上线。在此与大家分享一下有关探索的实践体会,以抛砖引玉。

一、合作生成——载体形式的新尝试

载体通常是指能贮存,携带其他物体的事物。那么,什么是教学载体呢? 教学载体是贮存、携带教学信息的载体,是教师针对一定的教学目标,在相应的教学策略指导下为传递教学内容而设计编制的教学内容的组合形式和形态。② 因此,教材和课程等都属于教学载体。慕课属于课程,无疑也是教学载体的一种形式,而且是一种新型的教学载体。

---

① 黄桂兰,俞仙芳.瞬间与永恒:线上线下交互滋育"家国情怀"的新路径[J].中学历史地理教与学,2018,(9).

② 教学载体是一个独立的教学要素[EB/OL].(2014-2-16)[2019-5-30].http://www.njzhzx.net/wjyz/0f/8c/c200a3980/page.htm.

在探索慕课教育模式的教学实践中,笔者于 2017 年率领学校历史教师团队历时 10 个月开发慕课"抗战的十五个瞬间",开展了线上线下混合式教学的尝试与交互滋育学生"家国情怀"核心素养的探索,收到良好效果。在坚定信心的同时,也激发了我进一步提升慕课品质的兴趣。恰巧在 2018 年上半年,笔者不经意间在微信朋友圈中看到了自己所教的高二学生在公众号 LAHistory 上连续推送的文章《敢于认识,要有勇气运用你的理性|启蒙运动(上)》和《人是生而自由的,但却无往不在枷锁之中|启蒙运动(下)》,发现学生对"启蒙运动"的阐释和近代西方哲学的认识颇有思想深度,于是萌生了与学生合作开发慕课的想法。一则考虑到启蒙运动这一板块在我们高中历史教材中是重点专题内容,但是由于教材的篇幅有限和课时的限制,笔者每次上课都觉得意犹未尽;二则充分发挥学生的学科特长与学习主体性,也可以让课程更加贴近学生的认知和诉求。所以,与学生共同开发慕课,既可弥补课堂上的缺憾,也是慕课资源开发的一种全新尝试。随即找来两位学生,经过讨论,一拍即合。于是由笔者和王逸群、罗凯文两位学生共同组成了师生慕课团队。

由于笔者有过制作慕课的经验,所以对于慕课设计、脚本撰写、分镜头制作、视频拍摄等都有清晰的了解。两位学生对慕课开发完全没有概念,而且他们对高三历史教材中的"启蒙运动"专题知识结构也不了解。于是笔者前期先对他们进行了慕课开发制作的基本培训,并指导他们自主学习高三"启蒙运动"专题和相关素材,在此基础上对他们提出课程设计的目标,并要求学生围绕这些课程目标来构思课程的基本框架:一是以启蒙运动的代表人物为线索与核心;二是延伸教材内容的广度与深度;三是凸显外国语学校的特色;四是激发学生的学习兴趣。

经过一个多月的酝酿,王逸群同学提交了第一份课程方案。方案中包含 11 位启蒙运动思想家:斯宾诺莎、洛克、莱布尼茨、孟德斯鸠、伏尔泰、休谟、卢梭、狄德罗、爱尔维修、亚当·斯密和康德。每个人物的内容板块都分为人物生平和学术成就两个部分,采用中英文介绍结合的方式呈现,用英文介绍人物生平,而人物的学术成就可能晦涩难懂,基本采用中文介绍。同时,方案希望通过介绍人物的逸闻趣事和课前提问的方式来激发学生的兴趣。

收到学生的这第一份课程方案,说实话,我感到很惊喜。我及时对他给予了高度肯定和鼓励,同时也提出了进一步修改的意见:第一,要梳理出启蒙运动时期的主要思想流派,然后选择各流派有典型代表性的启蒙思想家,并能通过他们勾勒出启蒙运动时期的主要思想概貌;第二,准确把握每个典型代表人物的核心思想,再去寻找有趣的切入点,人物的逸事或笑话必须与他们的思想主张相联系,而不是为讲故事而讲故事,否则很生硬,也没有突出主题;第三,主要采用中文介绍方式呈现,在必要时可采用外语(包括英语、德语、法语等),如思想家的名言、核心思想的关键词等。

就这样,又经过一个月的反复多次来回讨论与修改,师生团队决定:

首先,在慕课的课程内容方面,在高中历史教材内容的基础上适度扩展。在高中历史教材中,关于启蒙思想家政治构想和主张的介绍相对全面,但是在哲学方面的内容介绍几乎未提及,学生可能只知道书本上提及的几个哲学家的名字,却不了解他们的哲学思想。于是我们讨论决定将慕课内容主要集中在启蒙运动时期的哲学思潮与政治思潮两大领域,尽可能采用原始文献进行深入解读,以便学生更透彻地理解思想家的主张。

其次,在慕课的课程结构方面,清晰地勾勒出启蒙运动的概貌。经过精心筹划,我们决定将慕课的结构定为四大板块——启蒙缘起、哲学启蒙、政治启蒙和启蒙世界。在这四大板块中,通过介绍 10 位具有典型代表性的启蒙运动思想家和他们的主张,聚焦启蒙运动的内涵、时代特征、重要思潮以及对于现代社会的巨大影响,使学生得以从更加全面的视角认识启蒙运动,感受启蒙运动代表人物身上孜孜以求的科学探究精神和寻找构建理想社会良方的社会责任与使命感,认识到启蒙运动的精神"自由、民主、科学、理性"等理念成为现代社会世界各国人民的普遍价值追求,理解人类历史上的思想解放运动既是社会综合因素的产物,同时又极大地推动了人类社会的进步。

再次,在慕课的呈现方式上,采用师生对话方式。为了防止同学面对各种思想和"主义"感到过于枯燥或是难以理解,师生团队决定以轻松愉悦的师生对话方式,并采用问题驱动式切入,以激发学生学习慕课的兴趣。考虑到学生学习慕课课程的周期不宜过长,我们讨论决定设置为 10 课的内容,于是也就诞生了"启蒙运动十日谈"的课程名称。

表 11-1 "启蒙运动十日谈"课程框架

"启蒙运动十日谈"课程框架	
模块1：启蒙缘起	
第一日	何为启蒙与为何启蒙？
模块2：哲学启蒙	
第二日	我实验——英伦培根的经验主义
第三日	我思考——欧陆笛卡尔的理性主义
第四日	我发现——牛顿与莱布尼茨的自然哲学与机械唯物主义
第五日	我批判——康德的理性哲学
模块3：政治启蒙	
第六日	人是人的狼——霍布斯的国家学说
第七日	捍卫天赋人权——洛克、卢梭的社会契约论
第八日	以权力制约权力——洛克、孟德斯鸠的分权学说
第九日	踩死败类——伏尔泰的宗教宽容说
模块4：启蒙世界	
第十日	自由、人权、科学、理性——现代社会的价值追求

二、学生中心——学习范式的新探索

"以学生为中心"最初是作为教育方法领域的概念为杜威理论所支持，后经过卡尔·罗杰斯的发展成为一种学习理论。20世纪后半叶，随着建构主义理论的兴起以及高等教育大众化和现代信息技术的迅猛发展，"以学生为中心"不再仅仅是一种教学方法，一种学习理论，而逐渐成为一种学习范式。英国学者拉斯特(C. Rust)也表示，"有一种范式的转移，从关注'教'转向关注'学'"。[①]

由此可见，学界普遍认为"以学生为中心"为一种"学习范式"的转型。那么何为"以学生为中心"？欧洲学生联合会(European Student Union，ESU)认为"以学生为中心的学习"是通过教师革新教学方法，促进学生在与教师和同伴的积极互

---

① 刘海燕. 向"学习范式"转型：本科教育的整体性变革[J]. 高等教育研究，2017，(1).

动中进行学习,把学生看作是学习过程的主体,对自己的学习负责,着力培养学生的问题解决能力、批判性思维能力和反思能力。[①]

笔者也正是基于以上教育理念,建立"学生—学生、学生—教师"的学习共同体,开展了师生合作开发慕课"启蒙运动十日谈"的尝试。两位学生参与了慕课开发制作的全过程,充分发挥了学生的主体性,同时更加关注到学生的课程体验和感受,对于笔者和两位学生而言也是一种全新的尝试和挑战。当然,这一"学习范式"的优势也是显而易见的:

1. 学生参与慕课开发,可以确保课程内容贴近学生需求

慕课的受众主要是学生,因此慕课是为学生服务的,能够保证学生在慕课学习后得到最佳的学习效果也是慕课制作的重要目的。为此,笔者充分倾听了学生关于"启蒙运动"的认识,以及对于本慕课课程的期待,故在课程内容的选择、课程结构的安排和脚本撰写的语言等方面,尽可能地贴近学生的真实诉求。一般而言,在传统的教学模式中,老师以课内知识为基础进行课程设计,这自然是专业的。而学生的参与则可以将慕课内容与其课内学习的其他科目知识相结合,带来完全不同的角度,进一步提升课程的整体效果。例如,在"第二日:我实验——英伦培根的经验主义"内容设计中,学生灵活运用古文中学习到的"鱼乐之辩"解释了种族假象,避免了枯燥的定义;在"第三日:我思考——欧陆笛卡尔的理性主义"设计中,学生从高中已学习过的几何学切入,让同学能够在更高的层面上审视自己学过的知识,真正做到融会贯通。

2. 慕课以师生对话的形式呈现,可以激活学生思维的创造性

传统慕课,一般是老师讲授、学生听讲的单一教学模式,而本慕课借鉴"苏格拉底产婆式教学法"以老师与学生进行自由对话的形式进行呈现,主讲有时是老师,有时是学生。每一日的课程设计基本上是从某话题切入,以问题驱动,在学生提出疑问、教师进行解答的对话中习得知识。甚至有时是采用师生角色互换,由教师来提问,学生则分析解答。这种新式的课堂模式避免了简单的知识灌输,更有利于引导学生的思维走向,帮助学生自主思考,激活学生思维的创造性。

以下摘录"第二日:我实验——英伦培根的经验主义"的对话片段:

---

① 刘海燕.向"学习范式"转型:本科教育的整体性变革[J].高等教育研究,2017,(1).

王逸群：说到培根，我们都知道那句"名言"："知识就是力量，法国就是培根。"

黄老师：诶，法国就是培根是什么意思？

王逸群：因为培根英文名是"Francis Bacon"嘛。

黄老师：原来是谐音啊，不过大家要注意，培根可是英国人，不是法国人啊。

......

黄老师：除此之外，还有人与人在交流中因为语言的不准确，产生的错误理解。培根称之为市场假象。你有看到过类似的例子吗？

王逸群：我倒知道中国古代的一个成语叫"穿井得人"。本意是"打井后如同得到一个人的劳力"，因为语言的不准确，被认为是"从井中挖出了一个人"。这不正是语言不准确带来的误解吗？

黄老师：的确如此。现在的语义学、语言哲学这类学科，就是为了消除语言的误解。

3. 参与撰写脚本，可以激励学生自主探究、深度学习

团队中的三个人根据各自所长进行了脚本撰写的分工，哲学启蒙板块的五日谈主要是在笔者指导下由两位学生撰写。为此，学生在撰写过程中，反复研读启蒙思想家的代表作，如笛卡尔的《方法论》、莱布尼茨的《单子论》、威尔逊的《启蒙运动百科全书》、康德的《任何一种能够作为科学出现的未来形而上学导论》、洛克的《政府论》等等。学生通过大量阅读与整理，有利于培养自身自主探究与深度学习的关键能力。

4. 发挥学生的外语优势，凸显外国语学校特色

作为外国语学校的高中学生，他们除了学习英语，还选修了德语等二外。因此，笔者指导他们发挥语言优势，查阅了大量英文和德文的思想家的原版文献史料，在脚本撰写的设计中，可以直接引用外语文献资源，并在慕课拍摄中鼓励他们用英文、德文来解读思想家的主张。一则直接解读一手文献史料，能帮助学生形成更为正确的历史解释；二则用外语解读历史可激发学生的学习兴趣。以下摘录引用的外文片段：

王逸群：那我就用康德关于启蒙运动的阐释来结束第一课的学

习吧。

Aufklärung ist der Ausgang des Menschen aus seiner selbst verschuldeten Unmündigkeit. Unmündigkeit ist das Unvermögen，sich seines Verstandes ohne Leitung eines anderen zu bedienen. Selbstverschuldet ist diese Unmündigkeit，wenn die Ursache derselben nicht am Mangel des Verstandes，sondern der Entschließung und des Muthes liegt，sich seiner ohne Leitung eines andern zu bedienen. Sapere aude! Habe Muth dich deines eigenen Verstandes zu bedienen! ist also der Wahlspruch der Aufklärung.

大致意思：启蒙就是人类脱离自己所加之于自己的不成熟状态，不成熟状态就是不经别人的引导，就对运用自己的理智无能为力。当其原因不在于缺乏理智，而在于不经别人引导就缺乏勇气与决心去加以运用时，那么这种不成熟状态就是自己所加之于自己的了。因此，"敢于认识！要有勇气运用你自己的理性！"就是启蒙运动的箴言。——康德《什么是启蒙?》

5. 线上线下混合式教学，形成了有益的教学互补

本慕课设置了课程提问和问题探讨等互动环节，与线下课堂教学形成了有益的教学互补。一是拓展了课内知识；二是延伸了课堂学习时间与空间；三是有利于学生个性化学习；四是有助于生生互动、师生互动的充分交流。例如在"第六日：人是人的狼——霍布斯的国家学说"课程学习之后设计了一个问题探讨"你的人性善恶观"时，同学们纷纷发表了自己的见解，正是在思维的火花激烈的碰撞中引发对人性更深度的思考。以下摘录部分同学的看法：

俞同学（上海外国语大学附属外国语学校）

人性善恶观

我认为人性无所谓善恶。换句话说，在社会导向中所有的善恶，都是人性自然的流露和表现。并不是只有真、善、美才是人性。

但与此同时，我认为人性是需要约束和引导的。必须要有合适的、成文的、有强制性的法律或者道德，驱使人们为了总体结果的优化，去建立公认的体系，并尽可能自发拥护这一体系。这一体系一般而言是满足

发扬所谓人性善的一面的。

陈同学（上海外国语大学附属外国语学校）

人性善恶

若要讨论人性善恶，不能脱离万物本性而单独讨论人性，因为人是万物之一，生存在自然当中，所以受整个自然界宏观法则的制约，万物从根本上来讲无善无恶，之所以有善恶之分，乃是人为万物之灵，具备自我认知、自我意识，一切以自我为中心来衡量外界事物对自己而言是好是坏，由此衍生出了善恶的概念。然后再讨论人初生时到底有没有与生俱来的善恶本性，这个问题也不好给出明确的答案，因为不同宗教对于人的生命存在到底是有轮回还是无轮回意见不统一，我们世俗之人也没有办法去验证。如果我们设想人是有轮回的，那么初生之人，一定会带着其前世种种习气而来，如果是从这个假设出发，那么人出生后就会有天生的善恶本性，但是程度不同，不会存在一出生本性就是纯善或者纯恶的；而从另一个假设来分析，如果人没有前生后世，只有今生一次生命历程，那么初生之时就是白纸一张，一切善恶是非观念都是后天积累而来，更谈不上初生之性是善还是恶了。所以说，讨论人性善恶，尽量不要过分追究初生之时人性到底是善是恶，也不要过分思考未来，我们仅仅立足于当下，当下是善，人性即善，当下为恶，人性即恶。

李同学（上海外国语大学附属外国语学校）

人性善恶观

从人的自然属性与社会属性相统一理解人性，人应是善与恶的结合体，即人一半是天使，一半是魔鬼。人性的善与恶潜在人的自然属性之中，而人是作为社会人而存在的，当具备一定社会环境与条件时，善与恶才会显露出来。人性的主要弱点在于权欲、物欲与情欲中表现出来的恶行。人们可以通过法律、道德与宗教的形式抑恶扬善，这是克服人性弱点的主要途径。

恽同学（上海外国语大学附属外国语学校）

关于我对于人性善恶观的讨论

人们经常以善恶来限制他人的行为，在我看来，从本质上来看，所谓的"有益"、"贡献"从来都是相对的。人类站在自己的立场上，为善恶对错下了定义，所以所谓的善恶不过是对于人类共同认可价值观的契合程度不同罢了。就好像发生地震、海啸、火山爆发的时候，人们将其定义为"灾难"、"惨剧"，为死者默哀，为事情的发生感到悲痛。人类研究如何"保护环境"，减少"自然灾害"的发生，却罕有人为人类的数量得到一定的控制而感到欢呼雀跃，为大自然对于自身的调节而感到钦佩、崇拜。

若是基于这种逻辑进行思考，我觉得人性是本恶的，或者说，其实根本不存在所谓的善。所谓的恶，是源于人类的欲望，作为动物的欲望，也是作为一个具有高度智商进行深度思考的动物所具有的欲望，这也是人类作为一个地球生物无法逾越的限制。我们所赞赏的善良，友善，所有所有的品质，只不过体现了对于大多数人类共同利益的符合程度罢了。

李同学（上海外国语大学附属外国语学校）

人性善恶观

人性问题，自古以来争论不休。在哲学史上形成了四种观点：性善论、性恶论、性无善恶论、亦善亦恶论。我认为，就人性善恶而言，人性是善，是恶，是无善无恶，或是亦善亦恶，都是纯粹的形而上学的命题，倘若孤立地加以对比分析，并没有多大意义。马克思指出，"人的本质是一切社会关系的总和"，"人的需要即他们的本性"。人在现实社会关系中以不同的方式和手段满足着不同的需要，就表现为不同的人性。人的需要从性质上说，有正当合理的需要，也有失当不合理的需要。比如，一个人为了达到自己的自我实现，却采取损人利己、损公肥私的手段。教育作为培养人的社会活动，在这方面就可以起到积极作用，培养学生追求合理的需要。所以，我们必须以需要的眼光来观察和分析人性的善恶。

三、教学相长——慕课改进的新认识

慕课的理念是做到"任何人，在任何时间、任何地方能学到任何知识"。自从2012年被引进到中国，慕课这种新颖的教育模式就因其可以分享优质的教育资源、跨越时空的师生互动、提升学生的自主性和学习效率而广受关注。与此同时，在实践中慕课学习的"短板"也逐渐显露：课程完成率低、内容碎片化、评价难以到位，特别是教学中无法实现对学生高阶思维进行培养，观看视频无法取代课堂教学过程中的交流与碰撞、互动与分享、预设与生成等，而这些正是课堂教学过程中最精彩、最有价值的部分。

本次慕课制作可以说是一次全新的尝试，不论是学生参与慕课资源开发，还是师生对话的教学呈现形式，在此前的慕课乃至传统课程中都鲜有先例。经过这一次载体形式与学习范式的全新尝试与实践，我们发现师生合作开发慕课资源使得慕课这一新的教育模式的优势得到了进一步放大，慕课学习的"短板"在一定程度上得到弥补，特别是师生在这样的合作与历练中获得共同成长。

随着大数据技术、机器学习、深度学习不断发展，教育将进入人工智能时代，通过这次实践，我对未来的教育也有了更新的认识：

关于学习。从知识的习得转向思维的训练，从被动强迫式的灌输转向主动有意义的建构，从浅表零碎信息的获取到深层复杂智慧的掌握，每个学习者将有不一样的学习路径。

关于教学。教学的重心将不再是传播知识，而是将回归到人格塑造、知识运用和创新能力培养上等。

关于组织。促进思维碰撞、情感交流的学习共同体将成为主流，混龄学习将成为常态。

关于资源。由标准化静态呈现向个性化动态生成变迁，学习者也是生产者，人人生成并通过网络交互拓展、聚集与嬗变，并精准推送分享。

关于评价，实现对学习者学习行为作出精准的学习分析，达成对学习者个性化的评价。

基于这些认识，我认为，未来的教育变革对我们教师提出了更高的要求，我们每一位教师都应该做出积极的改变。通过这次慕课的实践与反思，我更坚信正如英国语言学家雷·克里弗德所说的那样："科技不能取代教师，但是使用科技的教师却能取代不使用科技的教师。"①

---

① 徐菁菁. 教育界的颠覆性革命："使用科技的教师，将取代不使用的教师"[_EB/OL]. (2019 - 06 - 05)[2019 - 11 - 24]. http://mini. eastday. com/a/190605202702845. html.

课例:"启蒙运动十日谈"的分镜头脚本范例

第三日: 我思考——欧陆笛卡尔的理性主义

L1(PPT)

黄老师: 上节课我们了解了英国的经验主义,这节课让我们跨过英吉利海峡,来到启蒙时代的欧洲大陆,看看在这里,萌生了什么不同的哲学流派?

今天我们的主角,就是被誉为"近代西方哲学之父"的笛卡尔。

L2

王逸群: "近代西方哲学之父"? 听起来比培根的"近代唯物主义创始人"名头还大啊。我倒知道他发明了我们一直在刷的解析几何。

(王逸群看黄老师)

黄老师: 的确,笛卡尔也是一个优秀的数学家,//他的哲学得益于他的几何功底,如果没有数学家笛卡尔,可能就没有哲学家笛卡尔了。

(黄老师说"的确……数学家"时看王逸群,之后看2号机位)

王逸群: 诶,哲学和几何,完全是风马牛不相及啊,怎么这个西方哲学之父的名头,还有几何的功劳?

黄老师: 别着急,上完今天的课,相信你就能找到问题的答案。

(两人看着对方交流)

L3

黄老师: 勒内·笛卡尔出生于法国的图赖讷拉海,为了纪念他,现在那个地方已经改名为笛卡尔了。

(老师看3号机位)

L4

王逸群: 那就可以说,笛卡尔出生于笛卡尔了。

(王逸群看向黄老师)

黄老师: 嗯,//倒还真可以这么说。

(黄老师说"嗯"时看着王逸群,并点头示意,下半句看2号机位)

L5（PPT）

黄老师： 笛卡尔出身于贵族家庭，但是他在 1 岁时，母亲就患肺结核去世了，他也受到传染，并且一直都体弱多病。他 8 岁的时候就被父亲送入欧洲最有名的学校——皇家大亨利学院学习，学校还特别照顾他，允许他早晨在床上读书。

L6

王逸群： 除了孱弱的体质，笛卡尔还有着孤僻的性格。这是因为他的父亲虽然给他金钱上的支持，但是本人却移居他乡并再婚。因此，提到笛卡尔，我脑海中常会浮现出一个卧病在床，进行着"形而上学的沉思"的人。

（王逸群看着 1 号机位，当讲到"脑海中……"时可适当加上表情或者动作）

L7

黄老师： 的确，笛卡尔很多哲学思想都是在沉思中诞生的，//但是笛卡尔在青年时期意识到，"生活不仅有眼前的苟且，还有诗和远方"。于是，他去欧洲各国游历，积累了大量知识，形成了自己的哲学见解。

（黄老师说"的确……在沉思中诞生的"时头转向王逸群，之后看向 3 号机位）

L8

黄老师： 你知道他有哪些著作吗？

王逸群： 他最有名的著作包括《形而上学的沉思》《哲学原理》，我知道笛卡尔在 1628 年移居荷兰，在那形成了成体系的哲学思想。

（讲"我知道"之前，两人看着对方交谈，之后，王看向 2 号机位）

黄老师： 可惜的是，1649 年，他应邀为瑞典女王讲授哲学，次年冬天因为恶劣的气候环境而病死了。

（黄老师讲"可惜的是，1649 年"时看王逸群，之后看向 2 号机位）

王逸群： 那真是太可惜了，那么笛卡尔的哲学到底是什么呢？

（王逸群看向黄老师）

L9

黄老师： 其实从某种角度来说,笛卡尔的哲学主张虽然和培根是相悖的,但却有相似之处。笛卡尔的哲学体系,同样是对已有知识的怀疑。

（黄老师看向 3 号机位）

L10

黄老师： 你还记得上一讲,培根对已有观念进行批判之后,主张怎么获取真相吗?

王逸群： 培根认为人们应该从自己的周围寻找答案,把经验转化为知识吧。

黄老师： 对,但是笛卡尔则走了另一条路。他认为,既然大多数的概念都可能有问题,那我就通通扔掉。

（黄老师提问题时看向王逸群,剩下的两人可自由发挥,时而看镜头、时而看对方）

L11(PPT)

黄老师： 全都抛弃之后,因为真理是相互关联的,可以先只考虑那些"不证自明"的概念,再通过它来得到其他所有的真理。

L12

王逸群： 那什么是不证自明的概念啊?

黄老师： 提醒你一句,笛卡尔最有名的一句名言就是答案。

王逸群： 噢,是"我思故我在"吗?

黄老师： 没错。笛卡尔认为,作为一个能够思考的个体,我是存在的,这肯定是明摆着,不需要证明就可以成立的。

王逸群： 这可以算是不证自明了,但是有这样的概念又有什么意义呢?

黄老师： 这就是你和哲学家的区别了吧。

（当黄老师说最后一句"这就是你和哲学家的区别了吧"时看向 2 号机位,其他的两人看着对方交谈）

L13(PPT)

黄老师： 就凭借"我思故我在"这唯一一个不证自明的公理,笛卡尔进行了一系列逻辑推演,一环扣一环,最终推出了上帝存在的结论。

L14

黄老师： 说到公理，你应该理解笛卡尔的哲学和几何有什么关系了吧？

王逸群： 这下子我明白了。

（两人看着对方交谈，王逸群回答的同时点头示意）

黄老师： 在笛卡尔的影响之下，理性主义也在欧陆卷起一阵思潮。

（黄老师看向 2 号机位）

L15（PPT）

黄老师： 荷兰的斯宾诺莎和德国的莱布尼茨成为了理性主义另外两座高峰，与不列颠岛的培根、洛克、牛顿等人的经验主义分庭抗礼。

L16

王逸群： 哦，我知道斯宾诺莎和莱布尼茨作为理性主义的代表思想家，同样依据几何学的演绎方法，得出了自己的自然观。

（王逸群看向 2 号机位）

黄老师： 那你知道他们三个人的区别吗？

王逸群： 他们三人的分歧在于对精神和物质的探讨上。

（两人看着对方交谈）

L17（PPT）

王逸群： 笛卡尔是二元论者，认为精神和物质分别独立存在；斯宾诺莎是一元论者，认为世间只有一个实体；莱布尼茨则是多元论者，认为世界是无数独立的精神性"单子"组成的。

L18

黄老师： 嗯，的确是这样。

王逸群： 不过我有一点不明白啊，只有理性明显不能进行科学研究啊，虽然几何上显得天衣无缝，但是在科学和哲学上，只靠演绎不是无异于纸上谈兵吗？

（两人看着对方交谈，王逸群可以适当加上手势）

L19

黄老师： 这一点在现在看来，说得很有道理，//如果只依靠理性，理性主义者有可能推出片面的，甚至看起来匪夷所思的结论。但是我们说，学历史不能忘记时代背景，在神学的时代，不论是提出从周围世界获取知识，还是运用自己的理性获取知识，都需要很大的勇气和创新。

（黄老师讲"这一点……有道理"时看王逸群，之后看 3 号机位）

L20

王逸群：对哦，我忘记那时候的背景了，所以哲学上的发现是循序渐进的，先提出一些概念，再渐渐进行分析和整合。

（王逸群讲"对哦，我忘记那时候的背景了"时看向黄老师并点头示意，之后看 1 号机位）

L21

黄老师：没错，在这些思想家的基础上，才有了一个集大成者——康德。他提出了只依靠经验或只依靠理性，都是片面的，只有将两者结合，才能获取真正的知识，我们会在后面的课程中为大家介绍。

（黄老师看 3 号机位）

L22

王逸群：那今天的课程到这里就结束了，下一讲，我们将介绍两位重量级的人物，看看隔海相望的两人有什么"爱恨情仇"？

（王逸群看 1 号机位，可适当加上动作，注意表情）

L23

王逸群：敬请期待！

（录制结束，两人看向 2 号机位，注意表情，镜头适当停留两三秒）

第六日：人是人的狼——霍布斯的国家学说

表 11－2

镜号	解说词	画面	效果	画面描述	时间	备注
L00		上外附中 MOOC 统一宣传短片				总时长：7 分 11 秒

镜号	解说词	画面	效果	画面描述	时间	备注
L01		课程名：人是人的狼 				
L02	黄老师： 逸群,关于人性善恶论,你关注过吗? 王逸群： 好像老师在讲儒家思想的时候提及过,记得孟子主张人性善,荀子主张人性恶。 黄老师：嗯。		切换效果: 硬切 画面效果: 两人出镜	黄老师合上手中翻开的书,抬起头看向王逸群,开始两人的交谈。	15 s	
L03	黄老师： 孟子认为仁义礼智四种善端,就像人的四肢一样,是人与生俱来就有的,所以人性本善;		切换效果: 淡入 画面效果: PPT		9 s	
	荀子认为,人与生俱来就有七情六欲的本能与趋利避害的天性,所以人性本恶。		切换效果: 硬切 画面效果: PPT		9 s	
L04	黄老师： 你同意他们俩谁的观点? 王逸群：(略) 黄老师： 其实,人性本善还是人性本恶一直以来都是东西方思想史上颇有争议的话题。		切换效果: 硬切 画面效果: 两人出镜		15 s	

镜号	解说词	画面	效果	画面描述	时间	备注
L05	这幅漫画是霍布斯《论公民》一书中的插图。		切换效果：淡入 画面效果：PPT		7 s	
L06	黄老师：你觉得他想传达什么呢？		切换效果：淡入 画面效果：两人出镜		3 s	
L07	王逸群：左边的女性左手执剑、右手持天平，基座上写着"Imperium"，最高统治权力。她的身后是人们在耕作。可能要表现的是一个类似于君主的最高统治者带给人们正义、安全、和平与繁荣的生活。		切换效果：淡入 画面效果：PPT		20 s	
L08	王逸群：右边的女性手持弓箭、穿戴原始，是一个紧张焦虑、弓身耸肩的野蛮人，处在自保的警戒之中。基座上写着"Libertas"，自由。她身后是人对于人的狩猎。我想，作者眼中的自由充满了野蛮与危险，处于持久的战争状态。		切换效果：硬切 画面效果：PPT		18 s	

镜号	解说词	画面	效果	画面描述	时间	备注
L09	王逸群： 我想，作者眼中的自由充满了野蛮与危险，处于持久的战争状态。 黄老师： 嗯。		切换效果： 淡入 画面效果： 两人出镜		6 s	
L10	黄老师： 1642年，霍布斯在《论公民》中有这样一句话（拉丁文），即"Homo homini lupus"，中文就是"人是人的狼"。之后在1651年出版的《利维坦》中，这样写道：		切换效果： 硬切 画面效果： 黄老师出镜	关键词： Homo homini lupus 人是人的狼	18 s	
L11	王逸群： So that in the nature of man, we find three principal causes of quarrel. First, competition; secondly, diffidence; thirdly, glory. The first, maketh men invade for gain; the second, for safety; and the third, for reputation. Hereby it is manifest, that during the time men live without a common power to keep them all in awe, they are in that condition which is called war …		切换效果： 硬切 画面效果： PPT		30 s	

镜号	解说词	画面	效果	画面描述	时间	备注
L12	王逸群：大致意思是，人天生是恶的，不断发生争执。霍布斯曾说，竞争、猜疑和荣誉是造成争斗的主要原因。因此，在没有一个共同权力使大家慑服的时候，人们便处在所谓的战争状态之下。		切换效果：淡入 画面效果：王逸群出镜	关键词：竞争 猜疑 荣誉 战争状态	18 s	
L13	黄老师：所以就有了霍布斯的名言："人的自然状态就是处于'一切人反对一切人的战争状态'。"		切换效果：硬切 画面效果：黄老师出镜	关键词：人的自然状态就是处于一切人反对一切人的战争状态	10 s	
L14	王逸群：那这样看来，霍布斯的观点就和荀子人性本恶的思想相似，想必这和他的人生经历以及当时的社会背景有着密切的联系吧？黄老师：嗯，你的这个问题提得很好，能从作者生活的时代背景去思考作者的主张，正所谓"存在决定意识"。		切换效果：硬切 画面效果：两人出镜		23 s	
L15	霍布斯生活在16世纪末到17世纪后期的英国，见证了一系		切换效果：硬切 画面效果：	关键词：政治和社会层面的动荡不安	38 s	

镜号	解说词	画面	效果	画面描述	时间	备注
	列惊心动魄的政治事件。由此造成的政治和社会层面的动荡不安使霍布斯深有体会，促使他深刻地思考政治、人性、宗教等彼此之间的联系。在1651年英国内战期间出版政治学著作《利维坦》。听说过"利维坦"吗？	政治和社会层面的动荡不安	黄老师出镜			
L16	王逸群：听说过，利维坦是《圣经》中海怪的称呼。《约伯记》里将它描述为力大无穷的混沌之龙；《启示录》里视它为反抗神，要让世界毁灭的恶魔。		切换效果：淡入画面效果：王逸群出镜		15 s	
L17	黄老师：对的，霍布斯命名"利维坦"，通过这个具有震慑力量的绝对权威，来避免人们由于其恶的本性重返"战争状态"。我们来看看《利维坦》著作的封面插画。		切换效果：硬切画面效果：黄老师出镜		17 s	
L18	王逸群：一个戴着王冠的巨人，一手持剑、一手持杖，利剑应该象着法律与军事权力，牧杖原本是主教的		切换效果：硬切画面效果：PPT		18 s	

镜号	解说词	画面	效果	画面描述	时间	备注
	权杖,象征着地位和权力。巨人的身体好像是由无数的人民所构成。					
L19	黄老师:是呀,霍布斯认为,"统一在一个人格之中的一群人就成为国家"。这个巨人就是霍布斯称之为"利维坦"的国家。		切换效果:硬切画面效果:黄老师出镜	关键词:统一在一个人格之中的一群人就成为国家	13 s	
L20	王逸群:我不明白,这群人与国家之间是一种什么样的关系?黄老师:前面我们谈到过,霍布斯认为"人的自然状态就是处于'一切人反对一切人的战争状态'"。		切换效果:硬切画面效果:两人出镜		12 s	
L21	他认为当人们难以自我保存时,必须通过契约,把自己的自由和权力交给强大的主权者(一个人或一个由多人组成的集体),以换取自己的安全。参与契约的人们必须无条件服从这个主权者,同时,主权者也必须保障契约参与者的生命和利益。这样强大的国家就是霍布斯所说的"利维坦"。		切换效果:硬切画面效果:PPT		25 s	

镜号	解说词	画面	效果	画面描述	时间	备注
L22	王逸群： 哦，原来利维坦的权力来自于人们通过契约的授权，那么，和之前英国斯图亚特王朝国王詹姆士一世宣扬的"君权神授学说"是对立的吧？ 黄老师： 对呀，霍布斯彻底推翻了"君权神授学说"，倡导建立契约制的专制主义国家学说。我们再来完整地观察这幅插画。巨人的下方画了什么？		切换效果： 硬切 画面效果： 两人出镜		30 s	
L23	王逸群： 首先在左边，左下方是象征贵族权力的城堡、冠冕、加农炮、旗帜、利剑与火枪、战争场景。相对的右侧图案则是代表教会权威的教堂、主教法冠、雷电（thunder-bolt）、教会的唇枪舌剑、宗教法庭。		切换效果： 硬切 画面效果： PPT		20 s	
L24	黄老师： "利维坦"右手的利剑象征着法律与军事权力，正好处在贵族权力的正上方，而左手的牧杖则处在教会权威的上方，抵制教会权		切换效果： 硬切 画面效果： PPT		25 s	

镜号	解说词	画面	效果	画面描述	时间	备注
	威对主权的侵蚀。由此可见,霍布斯试图通过建立"利维坦式"的国家,实行君主专制,来重建和平、安全的新秩序。					
L25	王逸群: 一般我们都会认为"契约制"是与民主制结合在一起的,可是霍布斯却主张建立的是"契约制的专制主义国家学说",认同只有君主专制才能带来和平、安定。 黄老师:是啊,也正是这一矛盾的地方,使他的主张既不为保王派所接受,也得不到资产阶级的欢迎,最终被后起的资产阶级思想家所抛弃。		切换效果: 硬切 画面效果: 两人出镜		30 s	

第十日　自由、人权、科学、理性——现代社会的价值追求

L1(教师出镜)

黄老师: 到目前为止,我们已经将启蒙时代最为重要的一些思想家介绍给大家了。让我们一起来回顾一下。

L2(PPT)

王逸群: 我们主要介绍了发源地——英国(培根、霍布斯、洛克、牛顿),高潮地——法国(笛卡尔、伏尔泰、孟德斯鸠、卢梭),发展地——德国(莱布尼茨、康德)。其中既有哲学启蒙思想家,又有政治启蒙思想家。

L3

黄桂兰： 今天是最后一课,我们将带着大家主要探寻政治启蒙思想在历史上和今天的世界产生的影响。

（黄老师看 3 号机）

L4(教师出镜)

王逸群： 关于启蒙思想在历史上的影响,我记得老师在讲早期资产阶级革命的时候提到过。英、法、美三个国家的革命都不同程度地受启蒙思想的影响,并最终成功实践了启蒙思想家的政治构想。

黄老师： 是呀,尤其是高潮地法国,更是成为了启蒙思想的实践场。

（两人互相交谈,时而看对方,时而看 2 号机位）

L5 PPT

黄老师： 1789 年《人权宣言》宣扬卢梭的天赋人权学说,《1791 年宪法》实践了孟德斯鸠的三权分立君主立宪制构想;1792 年建立了卢梭构想的共和体制。尽管之后还一度出现了反复,但是《1875 年宪法》通过后,法国最终确立了共和体制。

L6

王逸群： 大西洋彼岸的美国同样深受启蒙思想的影响。独立战争期间,思想家潘恩发表了一本小册子——《常识》,

（王逸群看 1 号机位）

L7(PPT)

书中写道:"君主政体和世袭制度不仅使某个王国而且使整个世界陷于血泊和瓦砾之中。""让我们为宪章加冕,北美的法律就是国王。"他号召北美人民为独立而斗争。 在他的呼吁下,出台了《独立宣言》,成为独立战争的战斗纲领。

L8

黄老师： 嗯,你来读读《独立宣言》的开篇吧,让我们一同来感受一下。

王逸群： 好的,开头是这样写的:

（两人互相交谈）

L9(PPT)

王逸群： We hold these truths to be self－evident，that all men are created equal，that they are endowed by their Creator with certain unalienable Rights，that among these are Life，Liberty，and the pursuit of Happiness. That to secure these rights，Governments are instituted among Men，deriving their just powers from the consent of the governed.

L10(教师出镜)

黄桂兰： 通过这段话，你感受到了哪个启蒙思想家的主张？

王逸群： 额，应该是卢梭的天赋人权和社会契约论。

黄老师： 嗯，后来由于联邦制的统治危机，1787年又诞生了《美利坚合众国宪法》，体现了哪一思想主张？

王逸群： 第八课介绍过了，孟德斯鸠的三权分立，相互制衡。

黄老师： 启蒙思想不仅影响了西方国家，对远东各国也产生了深远影响。

王逸群： 据我了解我们的邻国日本，同样受到了启蒙运动的影响。

（两人互相交谈）

L11

王逸群： 日本的万元大钞上的人就是被誉为"日本伏尔泰"的福泽谕吉。他也是"日本近代教育之父"。日本黑船事件前后，德川幕府受到了较大的冲击和指责，这也最后导致了明治维新。而福泽谕吉也在多次游欧赴美后深切体认到日本在国际社会上的地位，同时也对西学有了更深的了解。因此在回国以后，他苦心教学，倡导西方的启蒙思想，主张"脱亚入欧"的明治维新改革。但有一点要注意，他主张武力侵华，甚至还分析了敌我情势、制定了作战计划，成为后来日军侵华的帮凶。

（王逸群看1号机位）

L12(教师出镜)

黄老师： 所以说福泽谕吉带来的影响是复杂的：他不仅带去了让日本步入世界强国的启蒙思想，同时也将日本导向了对外扩张的道路，而后者从历史事实来看明显是愚蠢的。真可谓"成也福泽，败也福泽"啊。

（黄老师看 3 号机位）

L13（教师出镜）

王逸群： 说到远东，难道我们国家还一直没有受到启蒙运动的影响吗？

黄老师： 当然不是了。//我们国家自从鸦片战争之后，就开始西学东渐的传播和探索了。

（两人互相交谈，黄老师说"我们……"时看 2 号机位）

L14（PPT）

黄老师： 从洋务运动的"中体西用"、戊戌变法的"维新思想"到辛亥革命的"三民主义"，中国人从最初的科学探求到民主政治的探求，都是受西方启蒙思想影响的产物。

L15（教师出镜）

黄老师： 只不过中国民众的思想启蒙还要比日本再晚一些。想必你听说过德先生和赛先生吧？

王逸群： 这个我听说过，德先生指 democracy，就是民主；而赛先生指 science，就是科学。

黄老师： 那么你知道这两位先生在中国是什么时候怎样被请出来的吗？

王逸群： 这个我就不知道了。

黄老师： 其实他们是陈独秀所提出的。1919 年 1 月 15 日，他在《新青年》杂志上发表文章，提到：

（两人互相交谈，时而看对方，时而看 2 号机位）

L16（PPT）

黄老师："西洋人因为拥护德、赛两先生，闹了多少事，流了多少血，德、赛两先生才渐渐从黑暗中把他们救出，引到光明世界。我们现在认定只有这两位先生，可以救治中国政治上道德学术上思想上一切的黑暗。若因为拥护这两位先生，一切政府的迫压，社会的攻击笑骂，就是断头流血，我们都不推辞。"

L17（教师出镜）

黄老师： 从此，民主和科学就成为当时中国新文化运动的两面旗帜，掀起了中国的思想解放运动的热潮。

王逸群： 这样看来，启蒙运动不仅启蒙了发源地欧洲，也启蒙了世界。

黄老师： 是啊，不仅启蒙了历史上的世界，也启蒙了今天的世界。尽管启蒙运动发生在17、18世纪，距离我们今天300多年了，但是启蒙运动的精神"自由、民主、科学、理性"，这些一直是现代社会世界各国人民的普遍价值追求。

王逸群： 希望大家在慕课学习结束之后，不仅能够记住我们课上所讲的知识，更能在平时的学习和生活中做个有心人，留意种种伟大思想的根源和演变，那么我们就能够学习到更多课堂外的知识。谢谢，大家再见！

黄桂兰： 再见！

（**两人看2号机位**）

主要参考文献

［1］E. H. 卡尔. 历史是什么？［M］. 陈恒，译. 北京：商务印书馆，2007.

［2］梁启超. 新史学［M］. 夏晓虹，陆胤，校注. 北京：商务印书馆，2014.

［3］吕思勉. 中国通史［M］. 北京：群言出版社，2015.

［4］威廉·夏伊勒. 第三帝国的兴亡［M］. 董乐山，译. 北京：世界知识出版社，1996.

［5］徐蓝，朱汉国. 普通高中历史课程标准（2017 版）解读［M］. 北京：高等教育出版社，
    2018.

［6］张才圣. 德国与欧洲一体化［M］. 北京：人民出版社，2011.

［7］康纳德·阿登纳. 阿登纳回忆录［M］. 杨寿国等，译. 上海：上海人民出版社，2018.

［8］瓦莱里·吉斯卡尔·德斯坦. 法国人：法国前总统对民族命运的反思［M］. 胡茂瑾，
    译. 北京：清华大学出版社，2016.

［9］李惠军，周飞. 笃学行思录［M］. 天津：古籍出版社，2008.

［10］周靖，罗明. 核心素养：中学历史学科育人机制研究［M］. 上海：复旦大学出版社，
    2018.

［11］汤敏. 慕课革命：互联网如何变革教育［M］. 北京：中信出版社，2015.

后记

怀着忐忑不安的心情完成了这本小册子,在此,不敢妄言有所谓的教学思想和理念,因为那是一种境界。但我一直渴望着在思想中改变我的课堂,学着做一个让学生满意的老师。正如于漪老师说的:"一辈子学着做老师。"

这本小册子在编撰的过程中,得到了众多沪上名师的提携和指点。感谢华东师范大学王斯德教授、上海市历史教研员於以传老师、上海市特级教师周靖、上海市特级教师李惠军、华东师范大学李月琴副教授、上海市特级教师孔繁刚、上海市特级教师郎宇飞、上海市特级教师周飞等在教学科研方面给予我莫大的鼓励和倾情指导;感谢上海外国语大学金慧教授的教育技术团队、上外附中历史教研组的同仁们和我的学生们,大力支持并和我共同开发完成了历史慕课课程资源。

由于时间和水平有限,本书不足乃至谬误之处在所难免,敬请专家和各界同仁提出宝贵意见。

2019 年 9 月,北京、上海、山东等 6 省市将正式启用国家统编普通高中历史教材《中外历史纲要》,届时上海现行使用的华东师范大学出版社余伟民主编版高中历史教材行将退出历史舞台。统编新教材与余版教材最大的变化是:第一,内容叙述过于浓缩。中外通史内容从现有的余版 6 本教材压缩到了 2 本《中外通史纲要》,但是知识内容覆盖面似乎还更广。第二,课时大幅度压缩。现行上海余版 6本高中历史教材分散在高一、高二开设完成,每周 2 课时。而统编新教材的 2 本《中外通史纲要》,要求在周课时依然 2 节的前提下仅在高一开设并完成。这意味着课时减半的情况下,必须完成同等甚至更大容量、更高要求的教学任务。对于身处一线的中学历史教师而言,简直就是压力山大!

但我想,作为一线教师,在面对新教材教学困惑的同时,应该积极转变教学理念和教学方式,探索在课堂教学中践行核心素养的有效路径。我也主动承担了统编新教材的首轮教学尝试。

驻足变革,更研攻略,历史教学探索永远在路上!

黄桂兰

2019.8

学校课程发展丛书

数学学科课程群	978 - 7 - 5675 - 9445 - 6	58.00	2019 年 8 月
科学学科课程群	978 - 7 - 5675 - 9593 - 4	34.00	2019 年 9 月
核心素养与课程设计	978 - 7 - 5675 - 9462 - 3	46.00	2019 年 9 月
语文学科课程群	978 - 7 - 5675 - 9441 - 8	56.00	2019 年 9 月
品牌培育与学校课程	978 - 7 - 5675 - 9372 - 5	39.00	2019 年 9 月
英语学科课程群	978 - 7 - 5675 - 9575 - 0	39.00	2019 年 10 月
体艺学科课程群	978 - 7 - 5675 - 9594 - 1	34.00	2019 年 10 月
跨学科课程的 20 个创意设计	978 - 7 - 5675 - 9576 - 7	34.00	2019 年 10 月
学校课程与文化变革	978 - 7 - 5675 - 9343 - 5	52.00	2019 年 10 月

品质课程实验研究丛书

学校课程框架的建构：HOME 课程的旨趣与架构

978 - 7 - 5675 - 9167 - 7　　36.00　　2019 年 9 月

聚焦育人目标的课程设计：红棉花季课程的愿景与追求

978 - 7 - 5675 - 9233 - 9　　39.00　　2019 年 10 月

核心素养导向的课程设计：花园式课程的文化与聚焦

978 - 7 - 5675 - 9037 - 3　　48.00　　2019 年 10 月

学校课程文化的实践脉络：百步梯课程的逻辑与架构

978 - 7 - 5675 - 9140 - 0　　48.00　　2019 年 11 月

学校课程发展策略：SMILE 课程的逻辑与深度

978 - 7 - 5675 - 9302 - 2　　46.00　　2019 年 12 月

聚焦内涵发展的课程探究：芳香式课程的理念与实施

978 - 7 - 5675 - 9509 - 5　　48.00　　2020 年 1 月

以儿童为中心的课程：欢乐谷课程的旨趣与维度

978 - 7 - 5675 - 9489 - 0　　45.00　　2020 年 1 月

学校课程深度变革丛书

进入学科深处的六个秘密	978 - 7 - 5675 - 5810 - 6	28.00	2016 年 12 月
新美课程：演绎生命之诗	978 - 7 - 5675 - 7552 - 3	48.00	2018 年 5 月

跨界学习：学校课程变革的新取向

978 - 7 - 5675 - 7612 - 4　　34.00　　2018 年 6 月

| 以学习为中心的课程实施 | 978 - 7 - 5675 - 7817 - 3 | 48.00 | 2018 年 8 月 |

聚焦学习的课程评估：L - ADDER 课程评估工具与应用

978 - 7 - 5675 - 7919 - 4　　40.00　　2018 年 11 月

| 学科核心素养与学科课程群 | 978 - 7 - 5675 - 8339 - 9 | 48.00 | 2019 年 1 月 |
| 大风车课程：童趣与想象 | 978 - 7 - 5675 - 8674 - 1 | 38.00 | 2019 年 3 月 |

蒲公英课程：综合实践活动课程的校本创意与深度

978 - 7 - 5675 - 8673 - 4　　52.00　　2019 年 3 月

| MY 课程：叩响儿童心灵 | 978 - 7 - 5675 - 7974 - 3 | 39.00 | 2018 年 10 月 |
| 课程实施的 10 种模式 | 978 - 7 - 5675 - 8328 - 3 | 45.00 | 2019 年 1 月 |

聚焦式课程变革：制度设计与深度推进

978 - 7 - 5675 - 8846 - 2　　36.00　　2019 年 4 月

| 以素养为核心的学科课程图谱 | 978 - 7 - 5675 - 9041 - 0 | 58.00 | 2019 年 4 月 |

全经验课程：在地文化与实践演绎

978 - 7 - 5675 - 8957 - 5　　54.00　　2019 年 6 月

品质课程丛书

| 活跃的课程图景 | 978 - 7 - 5675 - 6941 - 6 | 42.00 | 2017 年 11 月 |

课程情愫：学校课程发展的另类维度

| | 978 - 7 - 5675 - 7014 - 6 | 42.00 | 2017 年 11 月 |

突破大杂烩：有逻辑的学校课程变革

| | 978 - 7 - 5675 - 6998 - 0 | 52.00 | 2017 年 11 月 |

课程群：学习的深度聚焦　978 - 7 - 5675 - 6981 - 2　45.00　2017 年 11 月

嵌入式课程：特色课程的路径和方略

| | 978 - 7 - 5675 - 6947 - 8 | 42.00 | 2017 年 11 月 |

特色学校聚焦丛书

每一个孩子都是一棵树　978 - 7 - 5675 - 6978 - 2　28.00　2018 年 1 月

教育不是一个人的事："众教育"36 条

| | 978 - 7 - 5675 - 7649 - 0 | 32.00 | 2018 年 8 月 |

不一样的生命，一样的精彩　978 - 7 - 5675 - 8675 - 8　34.00　2019 年 3 月

童味正醇：特色学校的文化图谱

| | 978 - 7 - 5675 - 8944 - 5 | 39.00 | 2019 年 8 月 |

特色普通高中课程建设探索

| | 978 - 7 - 5675 - 9574 - 3 | 34.00 | 2019 年 10 月 |

儿童是天生的探索者：360°科学启蒙教育

| | 978 - 7 - 5675 - 9273 - 5 | 36.00 | 2020 年 2 月 |